私は男でフェミニストです

チェ・スンボム―著
金みんじょん―訳

世界思想社

プロローグ

男がフェミニストだって？

二一歳☆1のときだった。大学内のフェミニズム研究会で学んでいた後輩男子に尋ねた。

「男なのに何のためにフェミニズムの勉強をしているの？」

私の質問ににっこり笑いながら答えた彼の表情、声、まわりの風景がいまでも鮮明によみがえる。衝撃的だった。

「男だからよくわからないんです、学ばないと」

三五歳の私に、ほかの男たちが尋ねる。

「男なのにフェミニストだって？　男のくせになんで女の肩を持つの？」

☆1　二一歳
日本の数え方であれば二〇歳。韓国では数え年が一般的。以下同様に、原文通りの年齢を記す。

フェミニズムを知っている人や勉強したことがある人も遠慮がちに尋ねる。

「男はフェミニストとして限界があるのでは？」

はじめて出版依頼を受けたとき、私も同じようなことを言った。「私がですか？　男がフェミニズムの本なんか出せませんよ」


小さいころ、あまり幸せではなかった。着せ替え紙人形の洋服を作ることが好きだったが、「女の子みたい」に遊んでいると大人たちによく怒られた。コンギ遊び[☆2]やゴム跳びが楽しかったが、まわりの子たちにいじられて、つづける勇気を持てなかった。事あるごとに泣いたりしていたが、男は生涯で三度しか泣いてはいけないと言われ、むせびながらも涙をこらえた。男の子のくせにおしゃべりだと叱られ、息子のくせに家で本ばかり読んでいると心配された。女の子をうらやましいと思うこともあったが、私は積極的に「男になる」努力をした。グラウンドに出てサッカーをしたり、友人らとAVを見たり、何度かケンカをしたり、わざと大きな声で悪態をついたりもした。同じ年頃の集団で認められることは、蜜の味だった。

大人になっても同じような状況がつづいた。どこに行っても軍隊での経験や

☆2　コンギ遊び
小石五つを投げたり拾ったりする昔ながらの遊びで、現在はプラスチック製のおもちゃも販売されている。主に女の子の遊びとされている。

力自慢、下ネタが欠かせなかった。大学では先輩男子に、任用された学校では男性教員に、あちこちお酒の席に連れていかれた。酔わないと本音での会話が交わせず、虚心坦懐な関係が築けないと思っている人びと。彼らはふだんから初対面で年齢を聞き、兄―弟、先輩―後輩とまずはお互いの上下関係を確認し、やっと胸襟を開いて相手と向き合った。目上の人に会うと口と手足を忙しく動かし、目下の人に会うと急いで財布を取り出した。女性にとってその人生は想定外かもしれないが、結局ああいうふうになってしまう男の人生も想定内ではないはずだ。男はなぜそうなのだろう。いつも疑問だった。

フェミニズムに出会ってから少しずつ、その疑問が解けはじめた。帝国男性に打ち砕かれた自尊心を女性への搾取で取り戻そうとする植民地男性の特徴を学んだことで、強者に弱く、弱者に強い「アジェ」[☆3]らの習性を理解できるようになった。ほかの男に認められてこそ「本物の男」になるという、ホモソーシャルの概念を学び、男たちが「他人から見て恥ずかしくない」外見の恋人を作るためにじたばたもがく理由がわかった。家族全員をひとりの男性労働者が扶養する男性稼ぎ主モデルを知り、家族のために一生を捧げたのに退職したあとは置物あつかいされているという笑い話の別の側面に触れることができた。

☆3 アジェ
もともと「おじ」を意味するが、現在では親戚《せき》以外の中年男性の呼称として、やわらかさと軽さを帯びた「おっさん」に近いニュアンスで使われる。

暴力と効率で要約される軍隊文化が韓国経済の高速成長を駆りたてたという説を知り、「軍隊には二度と行きたくないが、軍隊に行かないと本物の大人にはなれない」という矛盾をはらんだことばが腑に落ちた。男性性について抱いていた疑問をフェミニズムが解決してくれ、そのおかげで自分の姿とありのまま向き合うことができた。フェミニズムは男性の人生ともかかわりが深く、女性と同じように男性をも自由にさせてくれる。

私は男子高等学校の教師である。私の職場の半径二〇〇メートル内には、すぐにでも男性ホルモンで爆発しそうな完全なる「雄」八〇〇人が生息している。教室では、悪たれ口を叩き、力自慢に余念がないが、そこに悪意はない。なぜそんな行為をするのかと聞くと「とくに理由はない」という答えがいちばん多く、以下「面白いから」「強く見えるから」の順である。一生を通して性欲がもっとも充満している時期といわれるが、何の脈絡もなく「セックス！」と叫ぶやつもいる。しごく自然な欲望だが、ああいうかたちで出てくるのは残念である。いまも多くの教室に「勉強時間を一〇分増やせば、将来の妻の顔が変わる」といった、女性を成功の見返りのようにあつかう級訓が掲げられている。

これでいいのだろうか。

　いまの高校生は第四次産業革命時代を生きる新人類[☆4]と言われているが、男子生徒が男性性を表す方法は「アジェ」や「ハルベ[☆5]」と変わらない。ほかの男子生徒を暴力的にあつかうか、女性を性的に対象化するか、そのどちらかである。教室ではどこで習ったかわからない低俗な単語や「食った」ということばが随時、耳に入ってくる。生徒たちは男性性の本質が荒っぽい行動や低俗なことばに宿っているかのように「雄らしさ」を競い、見せびらかす。そのなかでは過去の私のように内向的な男子生徒、おしゃべりな男子生徒、涙もろい男子生徒は非正常な男としてあつかわれる。

　男は金、女は外見という大人たちの間違った価値観は一〇代にも広く行き渡っている。デートの費用は男性が支払い、女性は愛嬌をふりまくべきだと考えている生徒がいまも大勢いる。しかし、これは生徒たちの過ちではない。教育部[☆6]が去る二年間、六億ウォン（約六〇〇〇万円）をかけて制作し、二〇一五年三月に配布した「国家水準の学校性教育標準案」には「デート費用をより多く使うことになる男性の立場では、女性にそれに見合ったお返しを求めるに違いない。その過程で望まないデートDVが発生することもある」との暴言が掲

☆4　**新人類**
　イギリスの『エコノミスト』では「フォノ・サピエンス」と紹介され、韓国ではそれを受け、「スマート新人類」などと名づけられた。幼いときからスマートフォンなどに接し、それを手放すことができず、消費を含む行動様式においてスマホの影響を大きく受ける一〇代の若者を指す。

☆5　**ハルベ**
　「おじいさん」を意味する江原《カンウォン》、慶尚《キョンサン》地方の方言。最近では、年寄りで保守的な価値観を持つ男性を表すときに用いる。

☆6　**教育部**
　学校教育や学術研究などの方針を定め、これらの計画を立て、管掌する中央行政機関。日本の文部科学省に相当する（韓国の「部」は日本の「省」に相当する）。

載されている。ジェンダー平等意識を育てるはおろか、性暴力や性役割についてて歪曲された通念を助長する指針である。生徒たちはちょうどその程度のレベルに過ぎない既成世代[☆7]の人権意識をそのまま学習したままである。

ゲームのなかで、男戦士は立派な鎧を着て勇敢に戦うが、女戦士は胸が半分は露わになった服装で男戦士を癒す。一〇代の青少年の四人中ひとりが、一人放送[☆8]を見ているというが[*1]、そこに登場する多くのBJ[☆9]は女性のことを性欲のはけ口程度にしか描写しない。「一度もできずに死ぬのは悔しい。戦争が起きたら、〇〇女子高校に真っ先に攻め入ろう」という生徒たちの発言は、このような複合的な環境の産物である。だから、このような環境を作り、性に関する誤った認識を受け継がせてしまった私たち自身が反省しなければならない。自分自身からもう一度、見なおす努力をしなければならない。

二〇一七年はフェミニズムの年だった。五〇万部以上売れたという『82年生まれ、キム・ジヨン』[☆10]を筆頭に、フェミニズム図書が無数に出版され、読まれた。書店では一年を通してフェミニズムが社会科学分野の上位を占める珍風景が見られた。テレビでは『ギスギス男女』『熱いサイダー』『ボディアクチュアリー』のようなフェミニズムを真正面からあつかった教養・バラエティ番組が

☆7　既成世代
　社会の各分野で活躍する、ある程度年を取った世代。主に「若者」と対になる「大人」という意味合いで使われている。

☆8　一人放送
　アフリカTVなどのオンラインネット放送。ユーチューブと異なり、生放送が主流。視聴しながら課金できるシステムを採用しており、課金目的に過激な発言がされることも多く、問題となっている。

＊1　韓国言論振興財団が二〇一七年一月三日に発表した「二〇一六年一〇代青少年メディア利用調査」によると、一〇代青少年の一人放送の利用率は二六・七%である。

☆9　BJ
　Broadcasting Jockey の略語。一人放送の話し手。

生まれ、『差異のあるクラス』『言うがままに』のような一般的な情報・時事番組においてもフェミニズムの主要理論や懸案について相当な比重で紹介した。オンラインで起こった「#○○界_内_性暴力」のハッシュタグ運動は、隠蔽されてきた各業界の不条理や矛盾を暴露した。デジタル性暴力に立ち向かい、「ソラネット」☆11を閉鎖させ、それまで表立って議論されなかった生理用ナプキンや堕胎罪の問題を公の場に持ち込んだ。

韓国だけでの現象ではなかった。米国では、性犯罪を告発する #MeToo 運動が活発になった。有名な俳優をはじめ、映画製作者、企業の最高経営者、同僚の国会議員などからわいせつな行為を受けたとの告白が相次いだ。女性たちの勇気ある連帯が芸能界、芸術界、政治界、経済界に広がり、国全体がひっくり返った。米国の週刊誌『タイム』はこの運動に賛同した「沈黙を破った人びと」(The Silence Breakers) を二〇一七年の顔として選び、多くの人びととの検索の力のおかげで、米国でオンライン辞典を出版するメリアム・ウェブスター (Merriam-Webster) は、二〇一七年の「今年のキーワード」として、フェミニズムを選定した。

世界が変わりはじめている。フェミニズムは、より多くの人びとに普遍的人

☆10 『82年生まれ、キム・ジヨン』
二〇一六年に刊行されたチョ・ナムジュの小説。二〇二一年一〇月現在、一三六万部を突破、日本版も二三万部以上のベストセラーとなった。
⇩読書案内4

☆11 「ソラネット」
Sora.net のこと。韓国の放送通信審議委員会が規定した不法・有害サイト。当初はユーザーが書いた官能小説などが掲載されたが、次第に女性の裸や性交の盗撮動画などが掲載されるようになった。会員は約一〇〇万人いたといわれる。

権を保障してきた歴史の流れに乗っている。掌で空を覆うことができないように、この流れは簡単に防げたり、見て見ぬふりをしたりして対抗できる類のものではない。「キムチ女[☆12]」にならないためにみずからを検閲してきた女性たちが、いまではそれを拒否している。にもかかわらず、男性たちは自分が「韓男虫[☆13]」にならないために相変わらず女性を抑え込もうとしている。

男たちに提案したい。声を上げる女性を抑圧する時間で自分を振り返り、フェミニズムを勉強しよう。時代が読み取れず、淘汰されることのないようにしよう。一緒にフェミニストになろう。失うものはマンボックス[*2]で、得るものは全世界となるだろう。

☆12　**キムチ女《ニョ》**
男性を条件で選び、ブランド品などの消費に積極的でありながら、デートで割り勘をしないなどを理由に、男性が若い女性を非難したり蔑んだりする際に用いられる。

☆13　**韓男虫《ハンナムチュン》**
マナーが悪く暴力的で、家事育児に興味がなく家父長制に頼って生きる男性を非難する際に用いられる「韓男」に、「虫」をつけた悪口表現。

＊2　『マンボックス』〔⇩読書案内24〕の著者、トニー・ポーターが男性をめぐる固定観念の枠を指して使った表現。

目次

2章　フェミニズムを学ぶ男　35

3章　先生、もしかして週末に江南《カンナム》駅に行ってきたんですか？　63

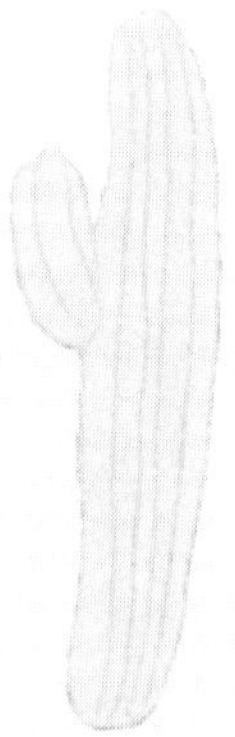

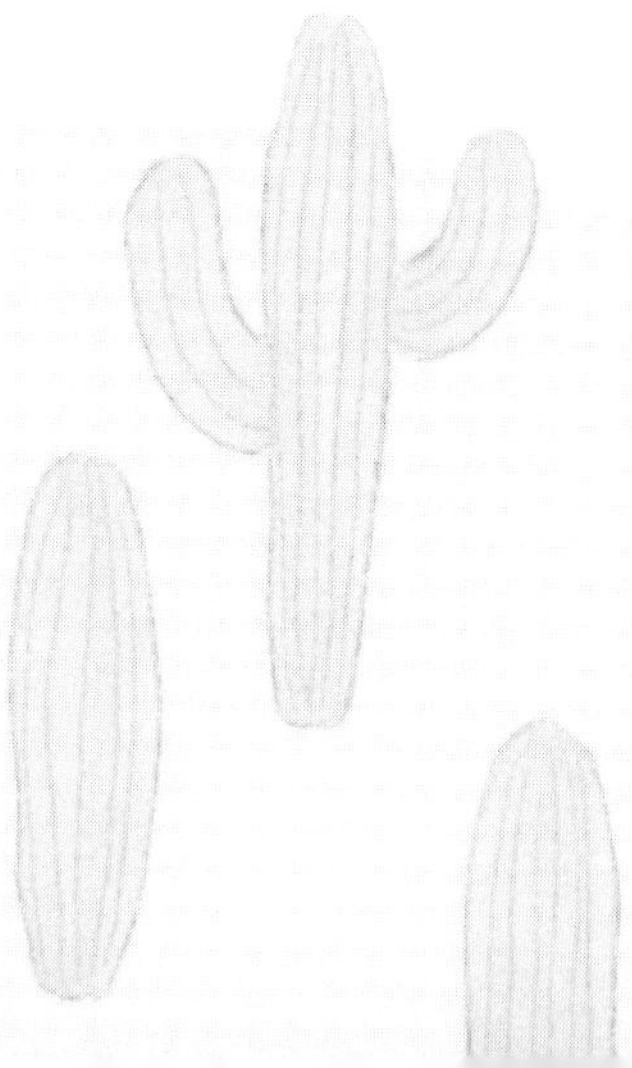

イラスト
KIMI AND 12（키미앤일이）

凡例
・＊印は原注、☆印は訳注を示す。
・「読書案内」で紹介されている本が、本文中にある場合、⇩で該当番号を示した。

1章　母と息子

我が家がおかしい

一〇歳のころだったと思う。我が家がおかしいと感じたのは。母親は、地方都市で実績のある保険外交員だった。支店での営業成績はいつもトップで、道[☆1]でも優秀な社員に選ばれ、ソウル本社に賞をもらいに行ったこともあった。

母の給与は高校の教師だった父より三倍くらい高かった。そのおかげで、財産を受け継ぐどころか、借金を抱えて始めた結婚生活だったにもかかわらず、夫の両親に仕送りをし、息子二人を他郷に行かせ、大学で学ばせることができた。広いマンションに住み、中型車を二台転がしていた。

母は家族のなかで誰よりも早く起きて朝ご飯を作り、帰ってきてからも家事をして、誰よりも遅く床に就いた。料理、洗い物、買い物、掃除をはじめ、すべての家事労働が母の仕事だった。父は盆・正月と法事の日だけ、母の実家に行ったが、母は週に二回以上、父の実家に行った。義理の両親を病院に送り迎えするのも母の役目だった。

母は自分にはけち臭いほど倹約家だった。一〇年以上小型車に乗り、商店街

☆1 道
日本の都道府県に相当する広域の行政区画。

で買った一万ウォン（約一〇〇〇円）の靴を履いていた。それでも父には威厳を保つようにと、いい車を与え、いい服を着せた。しかし、父は母にそれほど感謝しなかった。

母が父にこっぴどくやられた日の光景がいまでも目に浮かぶ。父方の伯母や叔母、叔父の家族が全員集まっていた日だった。小さなことに激怒した父は母に灰皿と電話を投げつけた。お腹を蹴り、胸を足で踏みつけ、ろっ骨を折らせた。父の怒りが頂点に達し、投げつけた椅子、それが当たるのを何とか防ごうとした叔父の姿がスローモーションのように頭のなかに刻まれている。怯え切った私と弟は、何も間違っていない母を許してほしいと父の足もとにしがみついて泣いた。

数日後、母は私たちに離婚をしてもいいかと尋ねた。私と弟は嫌だと泣きわめいた。その日以来、うちはふたたび、ふだん通りの生活に戻った。男三人にとってはこの上なく平穏な日々だが、母にとっては危険で残酷であろう日常に。

貧しい家の娘の人生

母は貧しい家庭に、兄と弟のあいだに挟まれた娘として生まれた。七人きょうだいの五番目だった。祖父は、北朝鮮で木工所を経営していた資本家だったが、戦争ですべてを失い、韓国に渡ってきた。肉体労働にでも就いてお金を稼がなければならなかったが、インテリとしてのプライドを最後まで捨てきれなかった。

祖母が市場で果物を売って、九人家族を食べさせ、学校から帰ってきた母と伯母たちが交代で家事をした。四人もいるおじは誰も手伝おうとしなかった。これはいまでも見られる光景である。盆・正月になるといとこの女の子たちがキッチンに足を運び、男の子たちは、テレビの前に寝転がっている。社会的学習の産物であるその光景があまりにも自然で、時には遺伝子にそう刻まれているのではないかと疑いたくなるほどだ。

一九六〇〜一九七〇年代の大家族における成功モデルは、聡明な子（＝息子）をひとり成功させ、家族全員がその恩恵に預かることだった。家族みんなが三男に死活をかけた。ひとつ年下の三男より賢かった母は、伯母たちとともに犠牲となった。友人たちが中学校に入学した日、母は村の裏山に登ってわんわん泣いた。

母は数年後、中学卒業程度認定試験を受けた。高校に行きたかったが、家に余力があるはずがなかった。一七歳のときから司法書士の事務所で事務補助として働きながら、放送通信高校☆2に入学した。数年間、お金を貯めて大学に行くのが目標だった。ところが、一学年も終わらないうちに、ソウルに住んでいた姉から助けを求められた。ソウルで大学に行かせてやるから、家に来て子どもの世話をしてほしいと頼まれた。故郷を離れるのが寂しかったが、ソウルに暮らす娘が心配だとよく泣いていた母親を不憫に思い、姉の要望にこたえることにした。

そのようにして一七歳から二一歳までの四年間、龍山区《ヨンサン》の解放村《ヘバン》で暮らした。姪っ子が幼稚園から帰ってくる前まで学習誌の採点と玩具の組み立てをしてお金を貯めた。姉が約束した大学進学は、どんどん引き延ばされた。そういう余裕があったなら、最初から子どもを妹に預けて働きに出る必要はなかっただろう。

☆2　放送通信高校
高等学校に通う機会を失った人のために、放送通信による授業を行い、高等学校の教育課程を提供する教育機関。

母はふたたび故郷に戻り、小さな建設会社で経理として働きはじめた。二三歳で出会ってはじめてつきあった相手と二五歳で婚約し、彼の実家で暮らすことになった。そのときから、そろばんの代わりに釜と洗濯板を握らされた。嫁は賃金を支払わなくてもいい奴隷のように思われていた時代だった。半年で妊娠し、三カ月後に結婚式を挙げた。夫は就職が決まっていない大学四年生だった。

長男を出産してから四カ月後、まだ体が完全には回復していない時期に、今度は次男を身ごもった。年子の男の子を育てながら、母はやせ細っていった。夜空の星も取ってきてくれそうだった夫は、子どもが泣くと、イライラする人に豹変した。寝ている夫を部屋に残し、ひとりは胸元で抱っこし、ひとりは背中におんぶしたまま、いくつもの朝を迎えた。育児と家事はおのずと女性の仕事とみなされ、当然のようにひとりでこなした。帰ってきた父は、母を見るなり、一日中、掃除もしないで何をしていたのか、と怒鳴った。あの時代には、そういう父親も特別悪い夫ではなかった。当時はよくいるふつうの男だった。給料袋を持って帰ってきてくれさえすれば、何をしても、いい夫と呼ばれた時代だった。

近頃、産休や育休を取る若い男性を見て、舌打ちする大人も多い。我々の時代にはそういうのがなくても子どもを育てられたのに、いまの若者は大げさだととがめる。彼らにお聞きしたい。それで、大人になったお子さんと仲はいいのかと。もしや娘や息子が寄りつかず、母親にしか連絡してこなくて寂しいのではないのかと。家の雰囲気に馴染めずひとりで浮いているように感じることはないのかと。

舅《しゅうと》も甘くはなかった。結婚するとき、米一俵しか贈らなかった私の祖父は、息子夫婦の生活にことごとく、ケチをつけた。母は母乳の出が悪く、早いうちから私に粉ミルクを与えていたが、祖父はそれがどうしても気に入らず、人間の子に牛の乳を飲ませていると母をいびった。次男を生んで布おむつの洗濯が増え、洗濯機を買ったときも、昔は機械などなくても数十人分の洗濯物を済ませていたと舌打ちした。孫に会いたいから、家に帰ってこいと二日に一遍、電話をかけてきた。舅の命令に逆らえなかった母は、弟をおんぶし、私の手を握って、毎日バスに乗った。

フェミニズム思考のはじまり

父は大学で将来有望な学生だった。指導教授が何度も大学院進学を勧めた。修士の学位だけで教授任用の可能性があり、教授として働きながら、博士課程で学べる時代だった。父も勉強への意欲はあったが、四人家族の唯一の収入源だった。大学院に行きながら、会社に通うことはできなかった。そうして父が勉強を諦めようとしたとき、母が一家を背負った。お金は私が稼ぐから、あなたは勉強をしてください。私が五歳、弟が四歳のときのことだった。

子どもが二人いる三一歳の女性にできる仕事は多くなかった。母は家電製品の訪問販売を始めた。ノルマを達成すれば、時間を自由に使えるから子育てと両立できそうに思えた。知らない家のベルを鳴らし、見知らぬ土地の店のドアをノックし、テレビ、冷蔵庫、洗濯機を売った。人びとの冷遇や蔑視に何度も屈辱を味わったが、そういうときには海辺に座ってしばらく泣いた。毎日ぶつかり、しょっちゅう動揺したが、家ではそんな気配を見せなかった。家族に心配をかけまいと、つらいとは絶対に言わなかった。母は自分のことはいつも後回しにしていた。まず母親であり、妻であることを強要された。

翌年からは保険外交員の仕事に飛び込んだ。五〇〇人以上の加入者を持つ一級外交員だったが、その実情は、顧客をケアすることだった。顧客が吐き出す苦労話、つらい記憶、貧しかったころの話、栄光の日々などにつねに耳を傾け、共感しなければならなかった。時には運転手や介護士の役割も担った。顧客の慶弔事の段取りをすることが多く、時には顧客の子どもの運動会に行き、母親のふりをすることさえあった。みんな私の母を見て、自分のお母さんみたいだと喜んだ。惜しまず与え、絶えず受け入れてくれる人。他人にとっての感情のはけ口として生きてきたのに、みずからの感情は誰にも吐き出せなかった人だった。どんなにつらかっただろう。

母の人生はつねに熾烈な戦いだった。朝日が昇る前に目を覚まし、ご飯を炊いて、汁物を作り、男三人を起こした。父子は、一日中、母を求めた。「お母さん、僕の靴下は？」「お母さん、明日の学校の持ち物は買ってきた？」「おれのスーツ、取ってきてくれた？」朝、出かけた家族は、日が落ちるころ、疲れた体で家に帰ってくる。温かいご飯を食べて、ゆったりしたソファーに寝転がり、暇つぶしにテレビを見る。帰ってきた直後の家といえば、思い出すのはこのような風景である。だから、家庭は休息と充電のための空間と言われているが、それはあくまでも男に限った話である。ワンオペ育児と家事労働の沼でもがく人にとって、家庭は職場よりひどい労働の場かもしれない。抜け道がいっさいない人生、休憩時間が許されない日々。私たちが享受している平和で安穏な人生の裏には、終わりのない苦痛に耐えている誰かがいた。その歳月を耐えぬいた母は、我が家のシシュフォス☆3だった。

一二歳の子どもの目にも母の日常はきつそうに見えた。その苦労を少しでも減らしてあげたくて家事労働を始めた。洗濯や掃除、洗い物程度なら難しくなかった。疲れた顔で帰ってきた母がエプロンをかけ、キッチンに入るより、布団をかぶってソファーに横たわっているのが好きだった。「手伝ってくれてありがとう、スンボム」。母は、私が自分で作って食べたラーメンの器を洗っただけでもありがとうと言ってくれた。おかしかった。家族みんなで食べて、着て、汚しているのに、洗い物も掃除も母だけの仕事なのが納得いかなかった。

いま思えば、あのときが「フェミニズム思考」のはじまりだったのかもしれない。私は洗い物が性に合っていた。何も考えず、器を洗っていると、心に平和が訪れた。きれいに洗われた器を手でこするときゅきゅっと気持ちのいい音

☆3　シシュフォス
ギリシャ神話の登場人物。頂上から落ちてくる岩をまた頂上まで上げるという苦行を、永遠に繰り返す罰を受ける。

がした。しかし、父は高三になっても洗い物をしている私を見てこう言い放った。「母さんが家事をさぼるから、お前の勉強時間が削られちゃうじゃないか」。

小学校に通っていた一九九〇年代の初めのころは、いまのように共働きが多くなかった。家に帰ると、母が笑顔で迎えてくれる友達がうらやましくて、仕事をやめてほしいと駄々をこねる幼稚な息子に、母はすまないということばを繰り返した。私と弟は、校庭でいちばん遅くまでサッカーをして遊ぶ子どもだった。家で二人で遊ぶより学校でボールを蹴るほうが楽しかったので、母が帰ってくる直前まで校庭にいた。まわりの母親はそれを心配していた。母は保護者会でよく嫌味を言われた。「子どもたちの面倒をちゃんと見てよ」「二人とも高学年なんだから、塾にでも通わせれば」。母に罪はなかったが、私たちのせいでいつも申し訳なさそうだった。

恥ずかしいことだが、私も偏見をあらわにしたことがあった。以前、地域の女性政治家に夜遅く出くわしたとき、うっかりお子さんの面倒は誰が見ているのかと聞いてしまったのである。あちゃあ、やっちゃったと思った。これまでに何度も真夜中に男たちとつるんだりしてきたが、彼らにそういう質問をしたことはなかった。長く勉強し、省察してきたから、女性嫌悪から自由になれたと思っていたが、傲慢な考えだった。三〇年以上、韓国人男性として暮らしながら、空気のように吸い込んできた女性嫌悪は根深く、そうそう消えたりはしない。

中年女性の居場所

中年男性がかっこよくいられるためには？　妻が必要である。「家内」の関心や面倒見のよさがなければ、穴の開いた靴下に、裾がほつれたズボンを免れる韓国人男性はあまりいないだろう。きれいに洗濯され、きちんとアイロンがかけられたシャツを着られるのもほとんどは妻のおかげである。

中年女性がかっこよくいられるためには？　夫がいなければいい。朝ご飯のために早起きして忙しく過ごす必要もなく、内助の功のために、がむしゃらになる必要もない。家事労働や感情労働の負担を半分以下に減らせられる。「五〇〇ポンド」を手に、「自分だけの部屋」で比較的余裕のある人生☆4を送ることができる。

妻は夫がいないと長生きし、夫は妻がいたほうが長生きできるという、ある

☆4　**余裕のある人生**　作家ヴァージニア・ウルフは、「五〇〇ポンドの年収と自分だけの部屋を持ちましょう」というメッセージを自身のエッセイ『自分だけの部屋』に託した。

大学の研究結果を見ると[*1]、結婚という名の搾取構造において誰が加害者で、誰が被害者かは明らかである。まるで主人と奴隷の関係のように、夫は妻がいたほうが生活にゆとりが生まれるが、妻は夫がいないほうが平穏な人生を送れるからである。

男性の生涯周期にはこれといったキャリア・ブランクの要因がない。しかし、女性は結婚、出産、育児をへて多くが職を失う。運よく生き残った人も昇進できなかったり、主要な業務から外されたりするなど不利益を被る。ブランクを経験した女性が再就職できるところは低賃金、低熟練の職場がほとんどである。キャリア・ブランクとは無縁の人生を送ってきた知識労働者も、女性というだけで正当な対価が得られないケースがある。地域の市民団体で共同代表をしているある女性は、草の根運動で有名になり、あちこちから声がかかるようになった。自分を求めるところなら、貧しいに決まっていると、無料で講演を依頼されても喜んで足を運んでいたが、ある日、もうひとりの男性共同代表には無料の講演依頼はほとんど来ないことを知った。人びとは、読み、書き、話す彼女の労働を高学歴女性の気高き趣味活動くらいにしか思っていなかった。夫と同じように生計を立てる生活者として演壇に立ってきたが、女性という理由

＊１　「夫のいない女性が長生きする」『中央日報』二〇〇二年一一月八日。

だけで立派な労働者としては認知されなかったのである。

どの社会においても女性が男性よりたくさん働いている。家事労働が深刻なほど女性のほうに傾いているからである。より多く働くが、より少なくしか賃金をもらわないからだろうか。女性の労働はささいで副次的なものとしてあつかわれる。国家は必要によって「産業の担い手」という名目で女性を召喚し、利用価値がなくなると、真っ先に労働市場から追い出してきた。開発独裁時代の韓国がそうであり、軍国主義時代の日本がそうであった。ヨーロッパも産業革命と世界大戦の時期、女性に労働を呼びかけたが、すぐに用途廃棄を敢行した。

銀行に勤務していたおじは、社内でおばに出会って結婚した。それまで豊かに暮らしていたが、金融危機が訪れ、リストラ対象者となった。二人中どちらかが職場を去らなければならない状況で、予想通りおばが仕事をやめた。いま働いている多くの中年女性は、いつまで自分の席を守ることができるだろう。もやもやして、悲しくなる。

ほかの家もこうなのか？

私は中学校時代、ずっとひどいチック症を抱えていた。チックのなかでも単純な動作を突発的に繰り返す運動チックと、同じ音を出しつづける音声チックが同時に現れるトゥレット症候群だった。

学校では誰にも相手にされず、死にたいとよく口にしていた。いつも憂うつで学校に行くことにストレスを感じ、毎朝、嘔吐していた。水曜日の午後になると早退し、精神科診療を受けたが、母は忙しいなか、時間を作って毎週私を病院に連れていってくれた。チックを悪い癖だと思っていたまわりの人は愛情不足が原因だと、働く母のせいにした。赤ちゃんの頭に吸引機をつけて引っ張り出す吸引分娩をしたことが、チック症の原因だと推定されるという医師のことばを聞けば、帝王切開をせず、自然分娩にこだわった母が悪いとののしった。どのような場合でも非難は母だけに向けられた。一緒に生み、一緒に育てても、父は自由だった。

人びとは、私の母を褒めながらも、非難した。夫よりたくさん稼ぐとうらやましがりながら、子どもたちの世話をしていないと後ろ指をさした。姑によく尽くしていると言いながら、きょうだいとは仲良くしていないと寂しがった。我が家がこうした暮らしをしていけるのは母のおかげだが、息子がチック症を患っているのも母のせいだと言われた。ある親戚が母に向かって「長男の嫁がだらしないから、身内に憂患が絶えない」と言ったとき、大韓民国で女として生きるのは、なんと不名誉で、不愉快で、みっともなく、惨めなことだろうと思った。

悪い母親になるのは本当に簡単だ。自然分娩で子を生み、乳腺炎を患いながら母乳を与え、布おむつを一枚ずつ手洗いしても、気晴らしに子どもを連れて少しのあいだ外出し、風邪でも引かせたら、たちまちわがままな母親となる。

悪い父親になるのは、とても難しいことだ。子どもが泣いているとき耳をふさいで寝ていても、哺乳瓶の消毒をしなくても、お風呂に入れなくても、ベビーカーを押して近所を一周しただけで、すぐに優しい父親として持ち上げられる。百のうち一つを間違えただけで悪い母親になるのに、百のうち一つだけうまくやれば良い父親になれる社会は正常とはいえない。

父は、たいへんだと言う母をよくこうなだめた。「うちだけじゃない。みんなこうだ。もっとたいへんな家もある」。父の話も間違いではなかった。たしかにまわりを見てみると、みんなそうやって暮らしていた。我が家の前にある美容院の社長は、一人で稼いで二人の娘を育てた。その家のおじさんは、お酒に酔って、お金をせびりに来たときだけ、店で顔を合わせることができた。学校裏のクリーニング屋の社長は、認知症の舅と一緒に暮らしていた。社長の夫はふだんはいい人だったが、いったん怒り出すとLPGボンベを持って現れた。保険会社で出会った母の同僚は、たいがい、夫が酔っ払いか、浮気性か、ギャンブルにはまっていた。彼らは、収入のない家長の傷ついたプライドを、家庭内において暴力を行使することで取りもどそうとした。ならず者の夫に苦しめられながら、がむしゃらに子どもたちを育て上げた母親たちの物語はじつに多い。しかし、その反対の物語はあまり見つからない。なぜだろう。

成長期のあいだ、両親の不仲を見て育った父の心のなかには、不安と憤りが凝縮されていた。暴力は学習され、のちの世代に伝承されるということばの生き証人だった。ちゃぶ台をひっくり返し、ものを投げつける祖父とそっくりで、椅子を投げ、食卓を壊し、本棚をめちゃくちゃにし、テレビのブラウン管を割った。時に母も大声で応戦したが、子どもが傷つくのを恐れて、すぐに頭を下げた。母は一生をかけ、父を理解しようと努力し、世話を怠らなかったが、父は母を自分のお母さんやお姉さんのように考え、甘えた。

母のうつ病

年子の兄弟は、立てつづけに高校を卒業し、家を出た。母は寂しそうだったが、期待も大きかった。二人の息子を育てるために、二〇年間、せわしく過ごしてきたから、これからは夫婦水入らずの生活ができると思っていた。一方で、ビリヤード、つり、囲碁、ゴルフなどさまざまな趣味を楽しむ夫が、手綱が外された仔馬のようにいっそう遊びにのめりこみそうで心配だった。不吉な予感は的中した。

父はまわりから、お人よし中のお人よしと言われていた。父は趣味を解するタイプだったが、ずっと働き詰めだった母は遊びを知らない人だった。家に帰っても誰もいないとわかっていたが、家以外の居場所がない人だった。テレビの前にひとりで座って、ひとりでご飯を食べ、首を長くして夫の帰りを待ちながら、ソファーで眠る日々がつづいた。心細さと寂しさに苛まれ、母は、そのうち、うつになった。

　母に電話をかけ「何してた？」と聞くと、十中八九「テレビを見てた」との答えが返ってきた。「ひとりで？」と聞くと、今度は「うん」と答えた。腹が立ち、申し訳なかったが、それ以上かけることばも見つからなかった。私はずっと母の隣にいるわけにもいかず、夕方、母がテレビを見る以外、何をすればいいのかも思いつかなかった。会話の話題を心配したが、母は一日中息子の電話だけを待っていた人のように、いろいろなことを話しはじめた。私のためだけにその話をそっとしまっておいたかのようだった。私と電話をしなかったらその話は永遠に消えてしまうと母は思っていたのかもしれない。ともかく私に話したいことがたくさんあった。

　しばらく話をして電話を切ると、母が感じていた寂しさが伝わってきて悲しみが押し寄せてきた。私は覚えていなくても、母にははっきりと覚えている瞬間があるのだろう。私がお腹のなかにいたときに感じたかすかな胎動、やっとの思いで泣きやませ寝かしつけたあとのホッとした気分、子どもの熱が下がらずおろおろしていた日の夜、ママと呼びながらよちよち歩いてきた瞬間。自分にすべてを依存していたひとつの生命体が、少しずつ離れていくことを見届けながら、どんな気持ちだったのだろう。情熱的に愛した恋人が去ることを受け入れ、祝福までしてあげなければならないといった心境ではなかっただろうか。

子どもが巣立ったあと、多くの母親がうつを患う。数十年間、追い求めた人生の目的が一瞬にして消え去ると、巨大な虚しさが、アイデンティティ・クライシスと自我の崩壊がやってくる。自己実現の欲望を去勢された母親が、子どもの教育に執着することを非難できるだろうか。達成感を得られる唯一の経路が子どもの成功であるという現実において、自分の人生と子どもの人生を切り離せないと彼女たちを嘲笑できるだろうか。

母は、暗い部屋にひとりぼっちで何度も自分の人生を振り返った。そこでかわいそうな少女に出会った。自分の人生を生きられなかった、厳しい生活に疲れきった子どもを。

2章　フェミニズムを学ぶ男

善意と良心にだけ依存するのは不安だ

大学に進学した。テレビでしか見たことのないソウルでの生活が目の前に迫っていた。ドキドキとワクワクで心がはじけそうだった。入学を控えた二月中旬、束草《ソクチョ》で開かれたオリエンテーションに参加した。昼間のぎこちない時間が過ぎ、日が暮れ、宿泊先に戻ると、「反性暴力自治規約」が気まずい沈黙を破った。私たちより緊張した様子の先輩たちが、壁に貼られた規約の趣旨を説明した。そして一緒に声に出して読んでみようと提案した。

欲しがらない人にはお酒を勧めない。
他人にお酒をつぐようにと要求しない。
身体的な接触をしない。
卑猥な冗談を言わない。
個人の身上に関する質問をしない。
外見を褒めたり、けなしたりしない。

「王様ゲーム」をしない。
新入生にぞんざいなことばづかいをしない。
寝る部屋は性別で分離する。（……）

反性暴力自治規約は大学生活のあいだ、ずっと一緒だった。新入生歓迎会でも講義室の両端に大きく貼っておき、合宿でも学園祭でも農活[☆1]でも、みんなで規約を読むことから活動がスタートした。集まりの性格によって、参加者によって規約の内容や表現に違いがあり、文言を整備することが準備会の重要な議題のひとつだった。追加、削除、修正すべき内容をめぐってよく議論が行われた。毎回、大げさな目的意識や特別な必要性を感じていたからではなかった。先輩たちにそう教えられ、つねに実施してきたから。不快感を抱く人がいてはならないから。大学とはそういうものだと思い、いつも通りやっていたまでだ。あのときは気づかなかったが、そういう活動を通してジェンダー平等意識やジェンダー・バイアスに対する意識が形成されていった。

問題：道端にたばこの吸い殻が落ちているとき、すべきことは？

☆1　農活　農家でのボランティア活動のこと。

この質問に対し、「拾ってごみ箱に捨てる」と答えない人はほとんどいないだろうが、実際に吸い殻を拾う人はめったにいない。頭でわかっているからといって、手足がその通りに動くわけではない。カギは、モラルを行動に移す方法をテクニックとして身につけることにある。善意や良心だけに頼ることは不安だ。だからといって、強制力が投入されれば、ホンネはねじ曲げられ、薄っぺらなタテマエばかりが増殖する。規約の内容は新しくも特別でもなかった。成長過程で一度は耳にしたことがあることば、規範として知ってはいるが、行動に移すことはあまりないような事柄だった。そういう内容が活字になり、反復されると、心理的な拘束力を発揮した。これらは気にしなければ効率的で面白くさえあるが、気にし出すとわずらわしいため適当にあしらってきたことだった。規約はこうした振舞いに圧力をかけた。ドロドロしていて陰湿だが、刃向かうにはあいまいな言い方をされたときには、「規約〇〇条の違反」と骨太な冗談を飛ばすことができた。

チェ・ギュソクのウェブ・コミック『錐《きり》』のセリフのように、網のように張りめぐらされているが、明文化されないルールは権力者にとって寛大である。暴力が悪いことに気づかなかったから、教師が生徒を叩いてきたわけではない。

みんながそうだから、いつもそうしてきたから、そうしたほうが簡単だから、それでも問題にならなかったから、叩いてきた。学生人権条例[*1]が制定されたことで、教師のあいだで習慣化していた暴力を取り締まる直接的な法的根拠が生まれた。暴力教師らはやっと一人、二人、むちを手から離し、条例のない市や道の教育庁もまわりの目を気にしはじめた。教師らは仕方がないから黙っていると言うが、じつは不利益を被るのが怖くて我慢している。性暴力も同じである。学校では毎年、教員に「性的行為やセクハラ防止の誓約書」を書かせている。相当数が渋い顔でサインし、時に犯罪者あつかいされるみたいで嫌だと拒否する人もいる。その不快感のお陰で、その内容が頭に刻まれ、警戒心も形成されるから、予防効果は十分だろう。

　あらゆる分野で反性暴力自治規約のような約束を作り、公にし、強調すればいい。校門の隣の石に観念的な単語の羅列に過ぎない教訓を刻む代わりに、共に生きるための具体的な規則を刻んだほうがいいに決まっている。植民地教育や国家主義教育といった負の歴史の遺産である太極旗を降ろした場所には、平等と平和の憲章をかけてほしい。世界人権宣言や学生人権条例、国連児童権利条約の核心となる精神を掲げてもいい。最初は嫌味を言われることもあるだろ

＊1　学生人権条例とは、学生の人権が保障されるよう、全国一七の都市や道の教育庁がそれぞれ制定、公布、施行する条例である。二〇一八年二月までに京畿《キョンギ》道、光州《クァンジュ》、ソウル、全北教育庁で学生人権条例が公布された。

うが、何度も引っ張り出し、可視化しなければならない。それでこそ、ありのままの自分を出しても存在を否定されないで済む社会になるだろう。排斥せず、差別をなくし、共に生きていくために、国を建て、共同体を作り上げてきたのだから。

性暴力事件はどのようにして起こるのか

学部時代、大学で性暴力事件があった。K教授事件のはじまりは、二〇〇一年一〇月だった。加害者であるK教授は学科の会食の席で大学院生にわいせつ行為を行った。学校側は事件に蓋をしようとあくせくし、掲示板に書かれた告発文を削除し、作成者のIPアドレスを追跡した。被害者の言動を口実に、人格を攻撃し、昇進と人事に不満があったほかの教授が背後で被害者を操っているとの陰謀論をでっち上げた。翌年一月になってやっと招集された懲戒委員会は、二〇〇二年三月、K教授に停職三カ月という生ぬるい処分を下した。

二〇〇三年、サバティカル（長期休暇）を終えて復職したK教授は、ふたたび被害者に嫌がらせを始めた。学生会は授業拒否、メディアへの告発で対抗し、大学側は事件後に制定した「性暴力・セクシュアルハラスメント予防および処理に関する規定」によって「再犯」であるK教授に解任を通告した。重い懲戒処分は免れないと思われたが、教育部の教員懲戒再審委員会（以下、再審委員会）がK教授の救済要請を受け入れたがために、ふたたび停職三カ月処分を受けることで事件は終了した。

怒りが収まりきらないうちに、H教授事件が起きた。フィールドワーク中に起きた強制わいせつ事件だった。K教授のおかげ（？）で作られた「両性平等性相談室」がこの事件を請け負い、大学本部は学生、教授、教職員で構成された対策委員会を立ち上げた。事件発生二カ月でH教授は罷免処分を受けた。しかし、正義実現の喜びもつかのま、再審委員会は今度も加害者の肩を持った。再審委員会は性犯罪者の救済機関ではないとの批判が相次いだ。被害者は告訴状を提出し、検察の調査が始まった。再調査に着手した大学側でふたたび、罷免処分を下すと、再審委員会も大学の決定に従った。二つの事件を見守りながら、私は神経をすり減らした。それにH教授の事件は私が所属していた学科で起きたことだった。敏感にならざるを得なかった。

十数年がたったいまも、性暴力加害者の行動様式にはあまり変化が見られない。権力や地位を利用して性暴力を加え、被害者の訴えを黙殺し、事件をもみ消そうと試みる。世論が自分に不利に動くと、そういう意図はなかったが、そう受け取られたのなら申し訳ない、という条件付きの、責任逃れのための謝罪をする。司法の処罰がさし迫ると、突然態度を変え、本質を濁そうとする。服装、唇の色、対人関係などありとあらゆることに言いがかりをつける。自分の所属する組織に過度に執着している人は、「○○の恥さらし」とかみつき、変わらない状況に焦った加害者は、半分脅迫まじりの示談を試みる。中年男性で構成された裁判所は、加害者側の主張をおおむね容認し、軽微な処罰を下す。時に裁判所が圧力を感じるくらいに世論の怒りが過熱すると、やっと一般市民にも納得できる判決が下される。

しかし、こういう遅々たる過程ですら被害者が勇気を振りしぼらないと始まらない。調査過程において考えたくもない瞬間を絶えず思い出さなければならず、時には調査官から二次被害を受けることもある。加害者と直接対面する場合も少なくない。事件が組織内部で発生した場合、孤立するのはふつう、被害者側である。その過程で発生する途方もない精神的苦痛に耐えきれず、極端な選択をする人も多い。性犯罪は、親告罪規定が廃止され、厳罰化されているにもかかわらず、毎年、増加傾向にある。より根本的な処方が必要である。とくに教育の現場において。

いい女は天国に行くが、悪い女はどこにだって行ける

先輩二人が恋に落ちた。以前から仲がよく、私が羨望していた人びとだった。冷やかしでヒョンス[☆2]と呼んだら、先輩が顔色を変え、こう言った。

「私たちが恋愛をする前から、あなたとは仲がよかったじゃない。私は彼を通してあなたと知り合ったわけじゃないの。男の〇〇と呼ばれるのも嫌。悪気のない冗談にも女性を従属的で副次的な存在として認識していることが態度に現れることがあるの。そう呼ばないで」

私はすぐに謝った。先輩は私にチョン・ヒジンの『フェミニズムの挑戦』[☆3]をプレゼントし、「ことばと性差別」の部分を必ず読むようにと言った。読んでいるあいだ、頭のなかがかき乱される本だった。いままで持っていた価値観が一つ、二つと崩壊した。多数の表現が、男性を人間の基本値として想定し、悪気なく使ってきた無数のことばが、じつは差別だらけであったことを気づか

☆2　**ヒョンス**
もともと兄の妻を指す呼称だが、韓国では血縁関係がなくても、男性から見て年上の男性をヒョン（兄）と呼び、その妻や恋人をヒョンスと呼ぶことが一般的。

☆3　**『フェミニズムの挑戦』**
⇩読書案内26

せてくれた。ロダンの彫刻は「考える人」だが、アングルの絵はどうして「ヴァルパンソンの浴女」なのだろう。柳寛順[☆4]はなぜ烈士ではなく「姉さん」と呼ばれるのか、おなかの女の子を中絶する原因とされる男児選好の「悪習」をなぜあえて男児選好「思想」と呼ぶのだろう……。質問は繰り返された。男はなぜ「雑巾」と呼ばれないのだろうか。どうして多くの女子高校があえて「女子高校」と名乗っているのに、男子高校は「男子高校」と名乗らず、ただ「高校」と名乗るのだろう。[*2] ここに全部、書ききれないほど、多くの単語が頭に浮かんだ。

そのようにしてフェミニズムに興味を持つようになった。それを勉強すれば、母がなぜそのように生きてきたのかを説明することができそうだった。それが何よりもうれしかった。

大学の文系学部の学園祭を目前にした晩夏、女装大会の復活をめぐり、先輩のあいだで言い争いが起こった。一方は女性を性的対象とする無神経さを、もう一方は楽しさを求めてやることに目くじらを立てる神経質さを批判した。女装大会反対派は女性のイメージを大きな胸や濃い化粧などでデフォルメ化する

☆4　柳寛順《ユグァンスン》
　一九〇二〜一九二〇。女性の独立運動家でもっとも知られた人物。梨花《イファ》学堂の生徒だったころ、三・一独立運動に参加した。一般的に、男性の独立運動家は「烈士」と呼ばれるが、柳は「姉《ヌ》さん《ナ》」と呼ばれている。

＊2　チョン・ヒジン『フェミニズムの挑戦』教養人、二〇〇五年、八〇―八四ページ。

態度を警戒した。性の商品化論争によりミスコリア大会が名ばかりのものとなったいま、大学で女装大会を開く理由がどこにあるのかと問いただした。女性性と男性性を区分する認識論に反対だという根本的な主張も提起された。女性の体（女性化された体）を採点する行為は絶対に許さないと宣言する人もいた。

胸がドキッとした。男友達と芝生に座って、通りすがりの女子学生の外見を品評していた数日前の自分のことが頭をよぎった。あの子は足が太いからＢマイナス、あの子は鼻が今ひとつだからＡゼロ。問題意識も罪悪感もなく女性の外見を評価した。男だけが集まったお酒の席では、競争でもするかのように卑猥な話が繰り広げられた。恋愛中の友達には「どこまで行った」と聞き、友達は意気揚々とそれを「自慢」した。そのすべてが差別的であることを当時は認識していなかった。それでこそ大人だと思った。モラル意識が低く、ジェンダー・バイアスに対する意識はまったくなかった。

若者は、主観で他人に裁断を下す既成世代を批判するが、ある領域において、我々の頑固さと彼らの古臭さはあまり変わらない。公の場においても「言いたい放題」が横行していたのが、ここ二、三年前のことである。男女雇用平等法に「セクハラ」条項が追加されたのはわずか一九年前（一九九九年）のことだ。

それまで女性たちは、不快感を表すことばすら持っていなかった。最近、私たちの社会においてジェンダー・バイアスに対する意識が高まっているのは、ネット・フェミ[☆5]が中心となっているフェミニズム・リブート[*3]のおかげであって、社会構成員の倫理観や寛容の水準が高まったからではない。世の中がよくなったとはいえ、悪くなるのは一瞬である。目を閉じて、耳をふさいだその瞬間、誰でも「コンデ[☆6]」になれるのである。淘汰されず生き残るためには、勉強し、省察しなければならない。

　女装大会から始まった先輩らの言い争いは、フェミニズム全般に拡張された。「フェミニズムの偏狭性や閉鎖性」に議論の火が燃え移ったのだ。アンチ・フェミニスト陣営は「フェミニストはあまりにも閉鎖的だ」、「女性の権利を主張するなら、労働者のためにも戦え」と言い放った。フェミニズム陣営は「だったら先に、平和運動家や環境運動家に労働者との連帯を提案しろ」、「フェミニストにだけ極端に厳格な基準をあてはめるな」と鋭いパンチをかました。「あなたがたの言う労働の解放に女性の家事労働は含まれているのか」と聞き返し、人類の半分を占めているにもかかわらず、もっとも長いあいだ、マイノリティでありつづけた女性に対する偏見と無知を批判した。論争は終わ

☆5　**ネット・フェミ**
　ネット・フェミニスト。二〇一〇年代半ばからオンライン・コミュニティやSNSを中心に活動しているフェミニスト。ハッシュタグなどを巧みに使い、主張を発信・拡散している。韓国の #MeToo 運動をけん引する存在。

＊3　大衆文化を研究するフェミニストのソン・ヒジョンは、二〇一五年に注目を浴びたフェミニズム運動の新たな流れを指し、「フェミニズムのリブート」（フェミニズム再起動）と診断した。ソン・ヒジョン『フェミニズム・リブート』ナムヨンピル、二〇一七年、四七―四八ページ。

☆6　**コンデ**
　偉そうに振舞う中年男性。生徒たちの間で、先生や父親の隠語として使われてきた。

り、女装大会は復活しなかった。

フェミニズムは、現実を客観化する道具である。別の観点から、以前とは異なる目線で世の中を見させてくれる。不条理を認識するように誘導し、不合理を正す勇気をくれる。耐えたり、自分を犠牲にしたりせず、譲ったり、諦めたりせず、自分らしく生きていける人生を提案する。つねに我慢しなくてもいいことを、間違っていたのは自分ではなかったのだということを教えてくれる。だから、フェミニズムは男性にも有効である。力と勇気、意志と節制に代表される硬くて狭い枠にとらわれた男性性から救い出してくれる。泣く男、しゃべる男、力のない男でも大丈夫だと勇気づけてくれる。軍隊に行けと駆りたて、デート費用やマイホーム購入の負担を与え、低身長や小さいペニスが悪いと自信を失わせる主体が、「キムチ女」ではなく、「家父長制」だったことを知るようになる。その事実を理解すれば、男性の人生も自由になる。

多くの人が、映画『お嬢さん』☆7の「私の人生を壊しにきた私の救世主」というセリフでフェミニズムの魅力を語る。覚醒は苦しい。鉄の鎖を切断し、荒野に向かう足取りは、自由であると同時に空腹を免れない。しかし、一度、知ってしまったら、もう元には戻れない。結局、新しい道に向かうのだろう。いい

☆7 『お嬢さん』
二〇一六年公開の韓国映画。第六九回カンヌ国際映画祭のコンペティション部門にノミネートされ、英国アカデミー賞では最優秀外国語作品賞を受賞した。一九三〇年代、大豪邸に住む「お嬢さん」秀子のところに、小間使いとしてやってきたスッキは、秀子の財産を奪うという目的を放棄し、秀子に恋をする。秀子もスッキに好意を寄せ、すべてを投げ出し、家と叔父、そして男性の支配から解放される。

女は天国に行くが、悪い女はどこにだって行けるということばのように。

厳格に見える家父長制の卑劣な陰

父方の本家の伯母は二〇年以上、長男の嫁としての役割をはたしてきた。長いあいだ、姑と一緒に暮らし、一時期は大姑とも一緒に暮らしていた。伯母は二人の息子を育てながら、会社に勤めた。実家である全羅南道☆8の長興《チャンフン》は、夫の実家がある江陵《カンヌン》から車で六時間の距離だ。伯母の長男は二八歳だが、正月などに一度も母親の実家に行ったことがないと言う。伯母に会いたい両親や兄弟姉妹がいるはずだ。伯父に正月やお盆に妻の実家に帰らないのかと聞いたら、苦笑いされた。妻を心から愛することと長男の嫁がいない正月やお盆を想像することは、別個のようだった。

春に結婚した父のいとこの妻は、結婚後、初のお盆を迎えるために夫の実家を訪れた。会社が終わってすぐに車を走らせ、朝方に着いた共働きの夫婦は二人とも疲れていた。その家の息子である父のいとこは帰ってきてすぐに眠りについたが、「他人の娘」であるその妻はすぐにエプロンをして仕事を始めた。

☆8　全羅南道《チョルラナム》
韓国の南西に位置する行政区域。五・一八民主化運動（3章☆13参照）が起きた光州のまわりを取り囲むように位置する（かつて、光州は全羅南道の道庁所在地であったが、一九八六年に行政区域が分離した）。

慣れない夫の実家で、ずいぶんと疲れた顔で、ほかの嫁たちと並んでチヂミを焼いた。夜が明けると祭祀《チェサ》の用意をし、祭祀が終わったあとは、テーブルを片づけながら朝食を作った。座る場所がなくて台所で待っているあいだに、お客さんが続々とやってきて、また食事を用意しなければならなかった。嫁いだばかりのお嫁さんを一目見ようと近所の人びとが次々とやってきたせいで、新妻は台所を離れることができなかった。

我が家も変わらない。曾祖母が亡くなってからは、近い親族だけで盆・正月を過ごしている。祖父母、伯母、叔母、叔父の家族まで二〇人くらいが我が家にやってくる。そして、彼らにご飯を作って食べさせるのはすっかり母と叔母の仕事になっている。穏健マッチョな弟はこの問題にぜんぜん興味がなく、高校生である叔父の娘たちも同様である。一緒にやりたいとうろうろするのは私と三二歳になった叔母の娘だが、あまり役には立たない。掃除をし、お使いに行くくらいである。

問題は、私たちが手伝っているとき、大人たちが見せる反応である。私が家事をしないときには誰も何も言わない。チヂミを焼く匂いが充満し、お皿がかたこととぶつかる音が騒がしい家事労働の嵐のなかで、私はまるで透明人間にでもなったかのようである。そのうち、お膳を広げて、箸でも置こうとしたら、みんながいっせいに騒ぎ出す。男がこんなことしちゃいけないよ、スンボムは世界一の夫になるわ、やっぱり若い人は違うね、意識が高いとか低いとか。テレビを見ていた家族みんなが一言ずつ口をはさむ。

しかし、一緒に手伝っている叔母の娘には誰も関心を示さない。水を持ってこいと言わないだけ幸いかもしれない。まるでもともとそうだったかのような、女性はキッチンで暮らすために生まれてきたかのような、鳥肌が立つくらい自然な光景が広がる。そのうち、ソファーに座ってスマホでも見ようとしたら、あちこちから一言ずつおとがめのことばが投げ込まれる。ジヨンもそろそろお嫁に行く年だから、いろいろ学ばなきゃ。料理はできるの？　将来、愛される奥さんになりたかったら、この機会に家事を覚えなさい。さぼっている従業員を見つけた社長のように次から次へと注文をつける。

「洗い物はお父さんと叔父さんでやったら、どうかな？」

それ以上耐えられず、投げつけた一言に、一瞬にして場が凍りつく。気まずい咳払いが数回行きかうと、母が横腹を突っつく。そうやってふたたび女性を犠牲にし、家庭の平和が守られ、嫁を搾取し、豪華な食事を満喫できる。厳格に見える家父長制の卑劣な陰であり、家族愛という仮面をかぶった不穏な同居である。息子として生まれた私は下駄を履かされているのも同然だが、娘として生まれたジヨンはそうではない。盆・正月でなくても同じである。息子が洗い物をすれば「うちの息子はいい夫になりそう」と褒めるが、「もう婿に行けるね」とは言わない。娘が洗い物をすれば「もうお嫁に行けるね」とは言うが、「うちの娘はいい妻になりそう」とは言わない。同じ洗い物なのに、誰かにとっては高度なスペックであるが、もう一方にとっては基本的な素養に過ぎない。ご先祖さまが見たらどう思うのだろう。さぞかしお喜びのことだろう。

咳払いをしただけでは、まわりの目が気になったのだろう。父は数年前、叔父や私と一緒に洗い物をした。片づけは男たちでするから、女は休みなさいと減らず口を叩いた。恩着せがましく洗い物をしたが、その年が最初で最後だった。

私の友達の両親はお父さんのほうが、お母さんより料理が上手だそうだ。兵役中の息子が休暇を得て帰ってきたとき、九折板[☆9]を作ったことは仲間内では伝説になっている。退職後、お総菜屋を始めたそのお父さんは、親族に嫌味を言われるのがうっとうしく、盆・正月には指一本も動かさないという。ふだん、

☆9　九折板《クジョルパン》
朝鮮時代の宮廷料理のひとつ。八角形に仕切られた器に野菜や肉、卵など八種類の具材を用意し、これらを、小麦粉を水で溶いて丸く薄く焼いたクレープに包んで食べる。

台所付近に寄りつかない男は、盆・正月にこれ見よがしに洗い物をし、ふだん、料理を担当している男は、それを隠すために盆・正月にはソファーに座ったまま、果物まで持ってこさせる。状況は異なるが根本は同じである。女性の家事労働は日常であり、生活だが、男性の家事労働はイベントであり、儀式だと思われている。だから、時には誇張され、大げさに持ち上げられ、時には完全に隠蔽される。

男だからよくわからないんです、学ばないと

同期に、三浪した年上の女性がいた。釜山《プサン》出身の彼女は、家計が苦しいからソウルの大学に行かせるなんて考えられないという父親の反対のため、地方の国立大学に進学した。そこそこ楽しく通っていたが、翌年、大学修学能力試験☆10を受けた弟が京畿道☆11の私立大学に入学すると、怒りが込み上げ、受験をし直した。父親は勉強のできる子ではなく、息子として生まれた子に投資した。いまの時代にもそんなことがあるのかと同期の男子学生がため息をついたが、あちこちで同じような証言がこぼれた。波風立てず、ソウルにやってきた女子

☆10 **大学修学能力試験** 大学受験する人に課される共通の試験。日本の大学入学共通テストに似ている。

☆11 **京畿道** 首都ソウルのまわりを取り囲むように位置する行政区域。首都圏に含まれる。

学生はほとんどいなかった。親が反対しない場合は、祖父母やほかの親戚が現れて妨害した。娘だという理由で、生まれ育った故郷から逃れられなかったほかの女性たちの話が果てしなくつづいた。

新入生のレッテルがはがれ、先輩となった。知的劣等感を覚えずにはいられないほど賢い後輩が多かった。あの人やこの人のサイワールド[☆12]（そう、当時はツイッターやフェイスブックではなかった）をよくのぞき見た。投稿する文章のどれもが高い共感を得ていた賢い後輩は、後期に入り、学内のフェミニズム研究会に入会した。本を読んで討論し、掲示物を書き、映画を見るそうだ。女性人権映画祭に行くために授業を丸ごと休んだ日もあった。当時の考えでは男性がフェミニズムを勉強していることがとうてい理解できなかった私は、女性でもないのに、なんでフェミニズムを、という質問を投げかけた。後輩が答えた。

「男だからよくわからないんです、学ばないと」

目が覚めた。後輩の話を聞き、私も学ばなければならないと思いはじめた。「わからないから学ばないと」。そのことばがしばらく頭を離れなかった。一理あった。他人のことだから無関心でいられたが、他人のことだから学ぶこともできそうだった。

☆12　サイワールド
二〇〇〇年代に圧倒的な人気を誇った韓国発のSNS。

フェミニズムは膨大な学問だった。数千年間つづいた矛盾と、数百年間受け継がれた悪習、そして、数十年間積まれた知識があった。活字をはじめ、絵、映像、証言など無数の資料があった。学ぶべき理由を見つけたうえ、学ぶ時間もあった。図書館でフェミニズムの本を探し出して目を通し、フェミニズム雑誌『イフ』を欠かさず読んだ。冬には女子大の卒業制作展に出かけ、フェミニズム映画を見た。自分は本当に無知だと、何度もそう思った。

大学の寮には、同じ学科の後輩が七人いた。他郷で暮らす自由と孤独を共有しながら、仲良く過ごした。裏門近くのカフェで夜一〇時まで働いていた後輩女子は、ひとりで帰ってくるのが怖いと言っていた。暗い路地を歩くとき、足がぶるぶる震えるという話に、男子学生が入れ替わり立ち替わり、迎えに行った。私の番だったある日、後輩がこう聞いた。

「先輩は怖くないの?」

「さあ、お化けは怖いよ」

「私は男が怖い。とくに夜道を歩いているとき後ろを歩く男性。先輩も女の人が前を歩いていたら、先に行かせてしばらくしてから、歩いてね」

「……」

ありがたくない話だった。私のように善良な人間に向かってどうしてこんなことを言うのか理解しがたかった。最近、男性が「我々を潜在的加害者としてあつかうな」と怒りをあらわにしているそうだが、それと同様、当時は私も不愉快だった。女性の後ろを歩くすべての男性が犯罪者でもないのに、前を歩く女性は後ろを歩く男性を怖がる。男の立場からすれば気に障るが、女性の立場ではまず警戒したほうが合理的である。びくびくしながら、急ぎ足で歩くという状況下で、後ろにいる男が警官か連続殺人犯か見極めるすべはないのである。怖いときまず避けるという心理は、歯も爪も鋭くない人類がここまで生き延びられた秘訣でもある。

警察庁の統計によると、韓国の重大犯罪の被害者の一〇人中、九人が女性である。[*4]加害者も被害者も男性が多数のほかの国と比べて異例の数値である。だからか、男性もほかの男性を潜在的加害者としてあつかうことが少なくない。護身用スプレーをプレゼントしてあげるときの気持ち、お酒を飲んで気を失わないかと心配になる気持ち、夜遅くタクシーに乗せたあとの落ち着かない気持ちなどがそれに当たる。妹—娘—妻の帰りが遅くなると「世の中の怖さを知ら

＊4　パク・ヘリム「終わらない女性残酷死——重大犯罪被害者、一〇人中九人は女性」『ヘラルド経済』二〇一五年九月一五日。

ない」と激怒する兄―父―夫も同様である。したがって「すべての男性が潜在的加害者ではない」ということばは、じつは「私はそういう人間ではない」という意味である。今夜も数十万人が感じるだろう恐怖の前で、自分だけは高潔であると抗弁する態度は妥当だろうか。自分の潔白を証明するために費やす時間やエネルギーを用いて、他人の立場を考えてみるのはどうだろう。揺れ動く船上で、ひとりだけ中立を守ることは不可能である。個人である私がいくら潔白だとしても、構造的に男性である私は加害者なのかもしれない。

　寮に住んでいた別の後輩は、映画評論家であるシム・ヨンソプのファンだった。高一のときから、彼女のフェミニズム批評を耽読し、早くからフェミニズムに目覚めた。私がフェミニズムを学んでいることを明かすと、その後輩は、シム・ヨンソプが『シルミド』[☆13]について書いたコラムを見せてくれた。『シルミド』が韓国映画としてはじめて一〇〇〇万人以上の観客を動員し、全国民の関心が集中していた時期だった。「聖女―娼婦」のフレームで女性像を分析しているところが興味深かった。映画に登場する女性は一生を犠牲にする母親とレイプされる看護師、二人だけである。男性にとって女性は自分の面倒を見てくれる聖女と、その気にさせる娼婦、二人中どちらかだというシム・ヨンソプ

☆13 『シルミド』
「シルミド事件」を題材とした、二〇〇三年制作・公開の韓国映画。北朝鮮へ送り込むスパイを育てるため、韓国軍は仁川《インチョン》西部の実尾島《シルミド》で秘密裏に特殊部隊を育てようとした。しかし、ほぼ監禁状態で厳しい訓練が四年以上つづいたことから、一九七一年、隊員たちが逃走を図り、ソウルで軍によって射殺された。歴史に埋もれていたシルミド部隊の実態が、映画によって広く知られることとなり、韓国の映画祭で最優秀作品賞を受賞した。

のことばに膝を打った。

一〇〇〇万人以上の観客を動員した映画にふさわしく、観客の反応もさまざまだった。ある人はワイルドな男性性に熱狂し、ある人は時代の悲劇を読み取った。ほかの誰かは独裁権力の残酷性に憤りを覚え、また別の誰かは祖国分断の悲哀を感じた。しかし、その数々の映画レビューのなかからシムのように女性の性的対象化を指摘する人はほとんど見つからなかった。友達の同意を得たくて話を切り出したものの、厳しいことを言われた。「看護師をレイプした人は銃で打たれて死んだだろ。死ほど強力な懲罰はないし、悪が処刑されたのに、女性が不快だなんて筋違いだ」。論理的に反論したかったが、まとまっていない思考の欠片だけが頭のなかをぐるぐる回っていた。そういうスキルと力量がなかった。

「ベクデル・テスト」という映画評価の指標がある。一九八五年に米国グラフィックノベルの作家、アリソン・ベクデル（Alison Bechdel）が映画における男性中心性を測るために考案したものである。ベクデル・テストの項目は三つである。第一、名前のある女性が二人以上出演していること、第二、彼女たちがお互い会話を交わしていること、第三、その会話は男性と関係のない話題であること。この三つの条件を満たさなければ、ベクデル・テストに合格できない。二〇一六年に一〇〇万人以上の人が鑑賞した韓国映画二三本のうち、ベクデル・テストに合格した映画は七本に過ぎなかった。[*5]『シルミド』にはこの三つのなかで一つでもあてはまるものがあるだろうか。ベクデル・テストの存在を知った日、映画『シルミド』とともに、勉強が足りず、なかなか対処できなかった多くの瞬間がよみがえった。

男子高校時代、ある先生に言われた。「本物の友情は男と男のあいだでしか成り立たない」と。テレビドラマにもよく出てくるセリフである。「男女のあいだに友情は成立しない」と。はじめて赴任した学校の先輩教師にも言われた。「女は自分の女ひとりがいればいいから、男の先輩を大事にしろ」と。三〇代半ばになったいま、私はそのどれも信じない。連絡し合う友人、ときどき会う友人、慶弔事に連絡をくれる友人は女性が多い。一〇〇人いれば一〇〇人の個性があり、一〇〇通りの関係が生まれる。私の偏見を指摘し、視野を広げてくれた友人はほとんどが女性だった。壁を立て、囲いで囲めば、学ぶ機会が失われる。一般化できる間柄なんてない。それが性別二分法ならなおさらだ。

＊5　ナ・ウォンジョン、チャン・ソンラン「二〇一六年韓国の映画の女性のみなさん、お元気ですか」『中央日報』二〇一六年一二月三一日。

生徒と教師で出会ったが、いまでは同志

二〇一二年に担任を受け持ったクラスのAという生徒は、サブカルチャー*6に関心が高かった。正義感が強く、倫理意識も備わっていた。声を上げられる意志の強い子だったから、フェミニズムも喜ばれそうだった。その子に「私の人生を変えた一冊」である『フェミニズムの挑戦』をプレゼントした。予想通り、その子は熱血フェミニストになり、フェミニストの恋人と仲睦まじい関係を築いている。Aが大学に入ったあとに悩みがあると連絡してきたときには、作家モク・スジョンの『骨の髄まで自由でスカートのなかまで政治的な』☆14を薦めた。それからAは、その本を読んで霧のようなもやもやが消えたと、やはり自分の求める人生を生きていきたいと語った。私たちは生徒と教師として出会ったが、いまでは同じ方向をめざす同志となった。昨年につづき、今年もクイア文化フェスティバルで偶然見かけたAは、胸を熱くさせてくれる心強い私の友人である。

Bは目がとてもキラキラしていた。恥ずかしがり屋で多くは語らなかったが、

*6　ある社会の支配的文化とは別に、ヒッピーのような特定集団で生まれ発展する独特な文化。

☆14　『骨の髄まで自由でスカートのなかまで政治的な』モク・スジョン著、レディアンメディア、二〇〇八年（未邦訳）。

意外と気の強いところがあった。模擬テストに出題された詩「小さな台所の歌」を切りぬいて大切にしているのを見て、詩人ムン・ジョンヒの詩集をプレゼントしたら、熱心に読んでくれた。のちにBは「あんなに多かった女子学生はどこに行ったのだろう」「娘よ、恋愛せよ」「僕の妻」のような詩を読みながら、フェミニストとしてのアイデンティティを確立させたそうだ。少し前、新聞に掲載された私のインタビュー記事を読んだようで、変わらぬ先生の姿を見てうれしかったと長文のメッセージをくれた。そのときにもらったメッセージの最後の一文をスマホのメモ帳に保存している。「道が険しくたいへんでもどかしいと思いますが、くじけないでください。私も一緒に歩いていきます」

Cは私と同じ「男フェミ」である。私を信じてカミングアウトしてくれたありがたき友人である。小さいころに自分のマイノリティ性を自覚したCは人権感覚が鋭かった。高校生のときから、青少年人権団体「あすなろ」に関心を持ち、青少年新聞『ヨズムコットゥル』☆15を購読したりしていた。しばらく詩を読んでいたCはあるときから詩を書くようになり、すぐに賞を取りはじめた。大学生になったCは、地域でフェミニズムの会を作って活動している。本を読んで議論することに留まらず、より大きな行動を起こそうと計画しているという。

☆15 『ヨズムコットゥル』「最近の若者」の意。あすなろで発行している新聞。二〇二〇年に休刊。

ＳＮＳにも熱心なＣは、コメント合戦にもよく参戦する。さらにロジックを精緻にし、日々、戦いの腕を上げ、名も知らぬ同志らに熱い声援を送っている。「青は藍《あい》より出でて藍より青し」をこんなところで体験するとは。

3章　先生、もしかして週末に江南《カンナム》駅に行ってきたんですか？

私が沈黙しなかったら

数年前勤務していた学校は、学力の水準が非常に高いところだった。学校独自に新聞記事で読解資料を作り、教科書以外のテキストを授業に活用することも積極的に奨励した。知的欲求が旺盛な生徒たちのために、私もあちこちからテキストを調達した。フェミニズム分野の文献もたびたび取り上げたが、『イルダ』[☆1]の記事をもっとも多く活用した。女子クラスでは、わりと反応がよかったが、男子クラスでは、時に不満をもらす生徒もいた。社会には自分が知らない論点や見方があるから、気に食わなくても学ぶ必要があると考え、無鉄砲に押し進めた。安易な考えだったことにそのときは気づかなかった。

二〇一三年七月、「男性人権団体」を掲げていた「男性連帯」代表の成在基《ソンジェギ》が死亡した。運営資金を集めるため、漢江《ハンガン》に飛び込むパフォーマンスをしていたときに起きた事故だった。彼の死は、逆差別を受けていると感じていた男たちの怒りに火をつけた。成の生前の発言が収められた映像が瞬く間にネット上で拡散され、雰囲気は追悼から、崇拝へと変わった。彼を全泰壱[☆2]と比較する人

☆1 『イルダ』
二〇〇三年に創刊されたオンライン雑誌。埋もれがちな女性性や性的マイノリティの声を聞かせたいという思いで創刊された。「イルダ」は「成し遂げる」の意。

☆2 全泰壱《チョンテイル》
一九四八〜一九七〇。労働運動家。一九六〇年代に平和市場の縫製工場で働きながら、劣悪な労働環境の改善を求め、労働運動を始めた。長時間労働への疑問から、実態調査を行い、労働庁やソウル市に改善を求めたが、受け入れられず、勤労基準法が書かれた紙を燃やしたあと、焼身自殺を遂げた。

も出はじめた。

成在基と全泰壱を並べるなど話にならない、労働運動の先駆者を冒瀆《とく》するな、という文章をフェイスブックにアップした。彼の主張のどこがでたらめだったかを指摘し、彼の現実認識がどれだけ時代錯誤だったかを批判した。すると、ふだん、成に追従していた男子生徒からコメントがつきはじめた。これまでに私がした話、授業であつかったテキストのせいで感じた居心地の悪さや不満を一気にぶちまけてきた。私も感情的になり、刺々しい文章でいちいち応手した。

翌日からそのクラスに行くのが苦痛になった。一〇人近くの生徒が授業に何の反応も示さなかった。水を打ったような静かな沈黙が年末までつづいた。その年の授業評価のコメント欄は悪口で焦土と化した。彼らとは卒業するまで気まずい関係がつづいた。数カ月間、憂うつでもどかしかった。教室でフェミニズムに関する話をしなくなり、本もあまり読まなくなった。女子高校に移ってからも、縮こまり、声が出せなかった。二〇一六年五月一七日まで三年間をそうやって過ごした。

二〇一六年五月一七日は江南駅殺人事件[☆3]が起きた日だった。衝撃的な事件だった。犯人は男女共用トイレに入ってきた六人の男性をそのまま見送り、七

☆3　**江南《カンナム》駅殺人事件**
ソウルの繁華街・江南駅一〇番出口近くのトイレで、三〇代男性が見ず知らずの二〇代女性を刺殺した事件。女性を狙って殺害したため、女性たちや女性団体はこの事件を「女性嫌悪犯罪」と命名し、大規模な追悼集会を開いた。

番目であり、最初に入ってきた女性を殺害した。検挙された男は女性たちが自分を無視したからやったと答えたが、捜査が始まると彼を無視したのは女性だけではないという事実が判明した。彼は男に無視されることには耐えられたが、女に無視されることには耐えられなかった。女性を自分より劣等な存在として見ていたからではないだろうか。私も教室で何気なく女性を対象化する冗談を言ったことがあるが、犯人の学生時代にもそういう教師がいたのではないだろうか。女性を見下す友人、女性を性的対象としてしか見ない友人がいたのではないだろうか。同じような経験が一つ二つと重なり、女性に対し、歪んだ見方をするようになったのではないだろうか。

週末に開かれた追悼行進に参加するため、江南駅一〇番出口を探した。数えきれないほど多くの人びとが涙を流し、花を添え、何かを書いていた。全体的に静かな雰囲気だったが、ある場所だけが騒がしかった。「日刊ベスト」[☆4]（以下、イルベ）の会員二〇人余りが集まっていた場所だった。何が気に食わなかったのだろう。彼らはくすくすと笑いながら、被害者を追悼する人びとをからかった。写真を撮り、大声で叫び、ライブ映像を流した。帰ってほしいという主催者側のお願いに対し、「私たちも追悼しに来たまでだ」と拒絶した。対峙が長

☆4　「日刊《イルガン》ベスト」
インターネット上のコミュニティ・サイト。略して「イルベ」と呼ぶ。二〇一〇年に開設され、政治、社会、スポーツなどさまざまな話題が飛び交うサイトとして知られる一方、特定の地域を非難したり、女性を差別したりする書き込みが多く、強硬保守／ネット右翼のサイトとして認知されている。

引き、両方の代表が話すことになった。

「いまの雰囲気は本物の追悼ではないです。男の悪口を言う席に変質しています。私たちはそれを指摘しに来ました」

「本物の追悼って何ですか？」

「静かに故人の冥福を祈り、悲しむことです」

彼らの要求は、受け身で消極的な被害者像だった。保守メディアがセウォル号の遺族を非難していたやり方と同じだった。被害者は、ただ無力に悲しむだけで、怒りをあらわにしたり、真相究明を求めたりしてはならないと言っていたあのときと同じだった。

両方の声が大きくなった。わめき疲れ、泣き出す人もいた。すぐにでも衝突しそうなのに、警察は見物しているだけだった。それ以上我慢できず、責任者に見える人のところに行って、問い詰めた。イルベはここにいてはならないのではないかと。すると彼は首を横に振った。

「違法行為をしないかぎり、我々もどうすることもできません」

怒りが込み上げてきたが、何もできなかった。数百人の追悼者が思いを文章にし、涙を流し、花を捧げ、行進が終わるまで、イルベ会員は江南駅を離れなかった。

不快感をつのらせながら、江陵に戻った。数日後、私のクラスの生徒に質問された。先生、もしかして週末に江南駅に行ってきたんですか、と。ユーチューブで先生の顔を見たと言う子がいると。ほかのクラスの子たちが先生を「メガル」☆5と呼んでいると。胸にずっしりと重いものがのしかかった。ついに来たか、と思った。

なぜ女性嫌悪犯罪と言わない？

江南駅殺人事件自体にも腰を抜かしたが、そのあとの過程はより衝撃的だった。あるメディアは犯人の経歴に言及し、彼を擁護する態度を見せた。神学を学び、聖職者の道を歩もうとしていた人物だったが、女性に無視され、被害意識が生まれたと同情をちらつかせる。多数の男性が見せた反応は、それより驚愕すべきものだった。彼らは「自分が死んだかもしれない」という女性たちの恐怖に共感できなかった。善良な男性を潜在的加害者としてあつかっていると むしろ腹を立てていた。とても恥ずかしかった。私が言うべきだったのだ。そ

☆5 メガル
コミュニティ・サイト「メルス・ギャラリー」に起源をもつ「メガリア」の利用者を指す。男性を批判する投稿が多い。とくに、男性による差別的な言動を反転させて見せることで、男性に自らの女性嫌悪を認知させる手法「ミラーリング」を駆使した。自分自身をフェミニストとして自称する際にも、フェミニストをおとしめる際にも使われる。

こで止まってはいけなかった。私が教えた生徒のなかにもいま彼らと同じように考える子がいるかもしれない。そういう疑念がくりかえし頭をよぎり、自分も加害者だという思いに至った。

納得しがたい情報が次々と出てきた。警察は事件発生一日にして「統合失調症による無差別殺人」と結論づけた。「女性に無視され殺した」という犯人の一貫した陳述は、統合失調症を理由に退けられた。そのようにして統合失調症は残酷な罪を犯す動機にされ、同時に、一貫した陳述を棄却する根拠となった。犯人はAという理由で殺人を犯したが、その犯人の陳述をAという理由で信用できないと言う。ほかのすべての議論を根本的に封鎖する詭弁だった。

彼らのダブル・スタンダードを皮肉る文章を書くために、キーボードを叩いていると、口を閉ざし過ごしてきた時間に対する後悔の念が押し寄せてきた。激しい感情がむき出しの文章を誰かにキャプチャーされ、フェイスブックの「ユーモア貯蔵所」☆6に掲載された。名前とプロフィール写真が公開されたまま掲載されたため、個人メッセージに数十の屈辱的なことばが届いていた。降り注ぐ非難にいちいち返信した。そうでもしないと沈黙してきた過去の自分を恨みそうだった。私の返答はまたキャプチャーされ、該当スレッドのコメント欄

☆6　「ユーモア貯蔵所」
二〇二一年五月現在、七七万人のフォロワーがいる個人のフェイスブック・ページ。ネット上で話題となっている事柄がアップされている。

に付け加えられた。私をあざ笑い、罵るコメントのなかから、成在基論争のとき、興奮のあまり赤面していた生徒の名前を見つけた。

小児精神科医ソ・チョンソクは、統合失調症が時代の流れを反映していると主張した。彼は、権威主義体制の独裁政権時代は中央情報部（ＫＣＩＡ）が、二〇〇〇年以降はサムスンが、被害妄想の主な題材☆7であったという事実を根拠に挙げた。江南駅殺人事件は、女性嫌悪が精神疾患の症状として表れたひとつの手がかりのような事件で、その深刻性を認識し、構造改革と意識変革を検討すべきだと述べた。しかしながら、彼の主張は黙殺された。

ことが大きくなりそうだから適当にあしらっているのだろうか。そんな疑問がわいた。ある白人がトイレに隠れていて、東洋人を殺害したとしたら、六人の白人には被害を加えず、七番目に入ってきた東洋人を殺害したとしたら、そして、東洋人が自分を無視したから殺したと自白したとしたら、彼に統合失調症があるから、東洋人嫌悪犯罪ではないと言うのだろうか。まだ韓国ではヘイト犯罪が認められたことがないから、ただ論争の中心に立ちたくなかったのではなかろうか。「女性嫌悪殺人事件」と命名したあとに起こり得ることを受け止める自信がなかったのではないだろうか。何度もそういう思いが頭をよぎっ

☆7　**被害妄想の主な題材**　ソ・チョンソクは自分のフェイスブックを通して、統合失調症の症状は社会的背景と切り離せないと主張した。独裁政権時代の被害妄想は、中央情報部が自分を尾行し、盗聴しているといったような事例が多く、二〇〇〇年代以降は、サムスン電子の飛躍的な発展にともない、サムスンが被害妄想の素材とされたと述べている。

た。

精神疾患者の「無差別殺人事件」として結論づけたら、どうなるのだろう。被疑者処罰で事件は終結する。社会が心がけるべき努力が消え去る。統合失調症の患者をいままで以上に注意深く管理するくらいが関の山だろう。実際、江南駅の殺人事件以降がそうだったのだ。「女性嫌悪殺人事件」と結論づけたら、どうなるのだろう。多くの場面でフォローが必要となる。テレビでは女性嫌悪をテーマに討論が行われ、各界各層の意見を聞く公聴会が開かれるだろう。国民からの意見募集のためのチャンネルが設けられ、各機関長が集い、対策会議が開かれるだろう。専門家集団に研究を依頼して現状を把握し、各行政機関が傘下団体に通達を送り、実態調査が行われるだろう。国会では性差別禁止法案が溢れるくらい提出され、国会立法調査処[☆8]では現行法の条項の違法要素が綿密に調べられるだろう。企業側は採用、昇進、給与など人事に問題はないかをみずから調べ、教育界ではジェンダー平等教育や性認知教育[☆9]などについて小中高の教育課程に反映すべきだという主張を真摯に検討しなければならなくなるだろう。

社会的に大きな衝撃を与えた事件の裏では上記のようなことが行われてきた。

☆8　**国会立法調査処**
韓国国会の立法支援組織。立法や政策の研究、そのための資料収集、研究支援などを行う。

☆9　**性認知教育**
性別の違いによる差別や不平等を認識し、ジェンダー・バイアスをなくすための見方や態度を身につけるために行う教育。

政策を立案し、推進する人には面倒で手間のかかる作業だろうが、安全でよりよい社会を作ることに貢献する過程でもある。担当者は自分の判断のせいで、社会的に大きな波紋が広がるのが怖かったのではないだろうか。私は、数人の保身主義のせいで、ジェンダー平等社会を一〇年も早く実現する機会を逃したと考えている。犯罪率が一般人の一割にも満たない、統合失調症の患者だけが巻き添えとなり、理由なき弾圧を受けた。*1

同志はいずこへ、イルベの旗だけが空を舞う

奇怪なことが絶えなかった。ゲーム会社「ネクソン」の声優は、フェイスブックのページに「メガリア4」☆10を後援するTシャツを着た写真をアップしたがために、契約を解除された。正義党☆11文化芸術委員会は労働権侵害の観点からこの事件を批判したが、「メガルを擁護した」と党内から厳しい抗議を受けるとともに、党員の集団脱退という砲火を浴びた。ビッグデータにもとづき、男性の怒りの心理を分析した記事を掲載した『時事《シサ》IN』は、読者の大規模な退会という事態を免れなかった。魔女狩りの中断を要請したいくつかのリベ

*1　大検察庁の二〇一一年「犯罪分析」報告書によると統合失調症患者の犯罪率（〇・〇八％）は非統合失調症患者の犯罪率（一・二％）の一五分の一に過ぎない。

☆10　「メガリア4」　「メガリア」が閉鎖に追い込まれてできた四つ目の「メガリア」サイト。

☆11　**正義党**　二〇一二年に作られた革新政党。「正義のある福祉国家」の追求が基礎理念。

ラルなメディアが苦境に立たされた。信じてやまなかった『ハンギョレ』が、『京郷新聞《キョンヒャン》』が、『時事ＩＮ』が、『オーマイニュース』が、『プレシアン』が、こんな仕打ちをするとは思わなかったという、男性読者からの罵倒が絶えなかった。社会的議題にリベラルで多元的な態度を見せていた人びとが、弱者の痛みに共感し各界各層と連帯してきた人びとが、そういう反応を見せていた。

いままでに理念や思想を共有してきた人びとなのだから、この社会における女性嫌悪を指摘され、フェミニズムの必要性が語られたからといって、「信じていた〇〇でさえ、こんな仕打ちをするとは思わなかった」と購読をやめたり、支持を撤回したりするのではなく、もしかしたら自分のほうが間違っていたのではないかと、省察するのが自然な反応ではないだろうか。それがそんなに難しいことだろうか。それくらいの自己客観化もできない人びとだったのだろうか。では、これまで見せてきた問題意識や批判的な思考は、たんに自分自身が経済的既得権を有さないがために、貫いてきた態度だったのだろうか。まわりを見てみると同志はおらず、イルベの旗だけが空を舞っていた。本当にこれが求めていた現実なのだろうか。

「最近の若者は情熱がない。苦労をしたことがないから、根気もない。世の中、楽なことは何ひとつないよ。就職したいなら、もっと努力しなきゃ」。既成世代がそう言うたび、間髪を入れず食ってかかっていた彼らが、「女の働きっぷりには積極性が感じられない。軍隊に行かないから忍耐力もないし、やりたいことだけやって生きていけるはずないじゃないか。残業もして飲み会にも行かないと。だから女は昇進できないんだ」と言っていたのである。「私が若かったときには」と長ったらしい話をする上司に「コンデ」という称号を与えてきた彼らが、「女にとっては暮らしやすい世の中になったもんだ。昔はなあ……」と、過去を懐かしがっていた。

ほかの面ではきわめてリベラルな価値観を堅持していた人が、女性の人権だけを弾圧するケースをどう理解したらいいのだろうか。マルクスを知らずして、資本主義を批判するのが恥ずかしいことなら、シモーヌ・ド・ボーヴォワールを知らずして、フェミニズムを批判することも恥ずかしいことではないだろうか。自分に与えられた無形の利益に気づくのは難しいとしても、選択的擁護は恥ずべきことだ。一貫性を維持するか、口を閉じているか、どちらかだけでいいはずだ。

生まれつきの闘士はいない。気が狂うほど悔しい思いをしたにもかかわらず、誰も味方をしてくれなかったとき、どんなに穏やかな人でも闘士になる。星州郡[☆12]の人びとは、サード配備に対する抵抗を通して、五・一八[☆13]の遺族やセウォル号の遺族の痛みを理解したと語った。歪曲された報道や誹謗中傷、政府当局による被害者どうしの仲を切り裂く作戦に「彼らもこうやってやられたのか」と憐憫《れんびん》の情を覚えたと言う。

　大韓民国に女性嫌悪などあるはずがないと、いまは男にとって暮らしにくい時代だと主張する男性が多い。そう思う方々は、一度外国でアジア系マイノリティとして暮らしてみてほしい。夜遅く街を歩いて、命の危険を感じてみるしかない。現地人の友人に人種差別のせいで外出するのが怖いと訴えたら、「いまの時代に人種差別などあるわけがない」と邪険にあつかわれる経験をしてみるがいい。すべての白人がそうではないから一般化はするな、私を戒めているようで不愉快だ、という友人のセリフを聞けば、そのとき、やっと、いや、そこまでされてやっとあなたは女性が感じる恐怖や憤りに共感できるのだろうか。

☆12　星州《ソンジュ》郡
　慶尚北道に位置する郡。米軍のミサイル迎撃システム「サード（ＴＨＡＡＤ）」が二〇一七年に配備された。

☆13　五・一八
　五・一八光州民主化運動。一九八〇年五月一八日から二七日にかけて光州を中心に起きた民主化運動で、当時の政府は戒厳軍や空輸部隊にその鎮圧を任せ、多くの死傷者を出した。

大韓民国で女性として生きるということ

お盆に会った祖父は、少し膨らんできた孫嫁のお腹を見て言った。

「息子を生みなさい。私が死んだあとに祭祀をしてくれる子を生んでほしい」

父が隣で、援護した。

「娘なら好きなように名前をつけてもいいけど、息子なら、トリム字[☆14]を使え」

叔父が否定しながら、一言付け加える。

「わかってないな。いまは娘を生まないと。娘を生めば、老後は安泰だ」

家の大人三人から、次々とパンチが飛んできて、めまいがした。彼らにとって息子は家を維持する純粋なる血統だが、娘は年老いた両親の面倒を見る介護人という認識だった。最近は娘を好む夫婦が多く、認識が変わってきているというが、「飛行機に乗せてくれるのは娘」「年老いた両親の面倒を見るのは娘だけ」という言いまわしがあるように、老後の介護と面倒見のよさを期待して娘を生もうとする心理は、数千年間つづいてきた女性搾取の歴史の延長線上にある。年間一万人以上の胎児が女の子という理由だけで生まれるに至らなかった

☆14　トリム字
各家で代々受け継がれてきたもので、それぞれの代によって名前につけるべき漢字一文字が決められている。息子にはその漢字を含めた名前をつけるのが一般的。

時代から、三〇年もたっていない。

女の子は、生まれる前からおとなしさや従順さを要求される。それ以外には、寅年娘、辰年娘の出産をためらう情緒を説明できない。立ち居振舞いにも強い統制が敷かれる。男の子がいたずらをしたり、激しく遊びまわったりしたら「男の子はそうやって育つもの」と受け入れるが、女の子が似たような行動をしたら「女の子なのに不注意」だと矯正を試みる。「ガキ大将」は女の子を意味せず、「じゃじゃ馬」は男の子を意味しない。

学校はより広範囲で、具体的に女の子を規制する。声があまりにも大きい、気質が激しすぎる、そうやって座ってはいけない、そういう洋服を着てはならない、その化粧はいけない、たくさん笑ってもダメ、あまり笑わないのもダメ、男の子を無視するのも、男の子に勝とうとするのもよくない、男の子が女の子に意地悪をするのは好意の表れだから我慢して理解してあげなければならない、など……。息子は洗い物をしたら、そんなことせず勉強でもしなさいと言われるが、娘は洗い物をしたら、「母の仕事」をよく手伝ってくれる親孝行娘だと言われる。妹や姉の食事を用意しろと弟や兄に電話をする親より、弟や兄に食事の用意をしてあげなさいと、娘に電話する親のほうが数百倍は多いだろう。

同じように制服を着ても、女子生徒への規制はずっとややこしい。スカートは短すぎず長すぎず、シャツがぴったりと張りつくのもよくない。ブラジャーは必ず着用しなければならないが、ブラジャーの紐などが透けてみえるのは恥ずかしいことだから、その上にまた下着を着なければならない。もしも男子生徒を刺激でもしたら、たいへんなことが起こるから！

校内で交際をしても、品行や身持ちを取り締まられるのは女子生徒である。付き合っていて別れたら噂されるのは女だから気をつけなさいと、心配半分、脅迫半分のリップサービスが提供される。「女性の職業として、○○くらいよいものはない」と言って進路選択の範囲をおおいに狭める。私が中学生のときに出会った進学塾の先生は「女には勉強や就職以外にも結婚というチャンスがもうひとつあるが、お前らはそういうのがないから、一生懸命に勉強しろ」と男子生徒を応援（?）した。さらにウィットをきかせたつもりで「女の人生でもっとも重要な判断は、誰に自分のパンツを脱がせてもらうかを決めることだ」と付け加えた。差別認識が足りなかった私はそんな話を面白いと笑って聞いていた。

娘はどんなに勉強ができても故郷を離れるのが難しい。運よく故郷を離れ進学しても、ひとり暮らしは無理で、寮に入れられる。家から通学する場合、息子にはない門限が設けられる。もしも外泊でもしたらどうなるか。父親が娘を生き埋めにするため、園芸用シャベルを持って探し回るだろう。先輩がくれるお酒は飲まなければならないが、気を失ったりするのは、ご法度である。韓国では「自分の体ひとつも守れない人」がもっとも責められるからである。一杯だけ急いで飲み、素早く立ち去るのは自由だが、隣にいたらセクハラされ、隣にいなければ噂されるから、どっちもどっちだ。自由な性的主体であることを推奨する声と貞淑で純潔な女性を求める声が、時々刻々、重なる。明らかに同じ放送局なのにニュースでは性の商品化を指弾し、バラエティ番組では女性の体をなめまわす。

就活市場では「男であることがスペック（能力）」である。男性雇用市場が氷だとしたら、女性にとってはドライアイスである。苦労をして就職しても昇進は難しい。下位職には女性が少なくないが、課長級の席ですらほとんど男性が占めている。女性の友人は皆、会社にロールモデルになりそうな女性上司がいないと口をそろえたあと、女性上司がそもそもいないという話にゆっくりとうなずく。地位の高い役員たちは女性社員が一生懸命に働かないから困ると愚痴をこぼすが、将来が見えない組織に忠誠を誓う理由などあるだろうか。本選に出してもらえないのに予選大会に死力を尽くす理由があるだろうか。

「百年お客さん」と呼ばれる婿と「小間使い」である嫁が夫婦になる結婚は不吉だが、まわりからいろいろ言われる非婚は不安である。しても後悔し、しなくても後悔するなら「親孝行」なほうを選ぶことにする。よい判断だったのだろうか。何でも上手だった恋人が、何もしない夫に化ける変装術は忍者に劣らず巧みで、息子の代わりに嫁に電話をするよう求める姑は砂浜の砂粒の数ほど多い。

女性にとって出産は一世一代の悩み事である。仕事はつづけられるだろうか、会社にいるあいだ、子どもを見てくれる人はいるだろうか、いい母親になれるだろうか。立場の危うさにもがいていると、夫が大きな口を叩く。「生んでくれれば、僕が育てるから」。ニュースではいつも、少子化、高齢化、少子化、高齢化と叫ぶ。少、高、少、高！　このままいけば二七五〇年に大韓民国が消滅するなんて、自分のせいかなとも一瞬思うが、計算してみたら、統一新羅時代の人びとが、朝鮮王朝の崩壊を心配するのと変わらないじゃないか。

母はあちこちに気をつかう。仕事のために残業をしたら「ひどい女」になり、子どもが病気で早退でもしたら「迷惑女」になる。子どもを保育園に預けて出勤する道は、禁断の果実を思い出してしまう原罪の時間である。共働き夫婦でも育児と家事はワンオペが基本だ。幼稚園では「母親の手作り弁当」を要求し、小学校では「緑の母の会」（朝の交通安全指導）の当番の日を知らせてくれる。結局「家族のためにはこれが最善」という考えで、会社をやめる。

躁とうつを行き来する中学生の子をひとりでコントロールするのは不可能に近く、子どもが高校生になると、母親も同じ高校生になることが求められる。進学塾の情報に詳しいのがいい母親の条件だというが、夫ひとりの稼ぎで塾の月謝まで賄うのは容易なことではない。一〇年も前の経歴が認められるはずがないから、再就職は考えられない。欲張らず、塾の受講料だけ何とかしよう。そうやって多くの母親が低熟練・低賃金の労働者と化す。

成長した子は巣立つ。誰もいない家にひとりでいると、憂うつになる。忙しく過ごしてきた日々がまるで夢のようである。子どものいない自分は蚊帳の外にいるようであり、一時愛した夫は他人のようだ。仕方なくテレビを見たり、近所をぶらついたりする。病気になりやすい年齢だが、絶対に病気になってはいけない。病気の夫を看病する妻は多いが、病気の妻を看病する夫は珍しいからだ。男性のがん患者の九七%が妻の看病を受けているが、女性がん患者を看病する夫は二八%に過ぎない。*2 看病をしないだけならまだよいほうだ。女性がん患者の離婚率は男性がん患者の四倍に当たる。*3

男には寛大に、女には厳格に

アイドルグループAOAのメンバーであるソリョンとジミンは、安重根義士☆15の顔を知らないという理由で殺到した非難に涙を流し、謝罪したが、無知をギャグのネタにしてきた多くの男性芸能人は同じようなことを経験せずに済んでいる。男性芸能人は性犯罪を起こしても数カ月後、番組に出てくるが、女性芸能人は性犯罪の被害者になっても数年間、自粛する。

同一記者が書いた記事でも被疑者が女性だと「女乗客」となるが、被疑者が男性の場合はただの「乗客」となる。タイトルに接頭詞「女―」をつけるとクリック数が増え、トラフィック商売が繁盛する。女性にだけ高いモラルを求めるいびつな文化、女性を対象化し、悪口を言うのを楽しむ歪んだ社会の雰囲気のせいである。「女乗客」記事のコメント欄には被疑者を性的に侮辱すること

*2　シン・ソンシク他「悲しい女性がん患者…妻が夫の看病九七%、夫が妻の看病二八%」『中央日報』二〇一四年四月一四日。

*3　「女性がん患者の離婚率、男性がん患者の四倍」『YTNニュース』二〇一四年四月一四日。

☆15　**安重根《アンジュングン》義士**　独立運動家。一九〇九年、中国で初代韓国統監・伊藤博文を狙撃した。

ばが溢れていた。「貞淑」の物差しをかざして「女性としての」正しい品行を語ろうとするからだ。

子どもは母親が育てるべきだと育児を妻に押しつけながら、職場で女性同僚が育児休暇を取ると、わがままだと非難する男性を多く見てきた。我が家の掃除、洗濯、洗い物は妻がすべきだが、我が部署の女子社員が早く帰宅するのは気に食わないという男性も多く見てきた。学校は女性教員ばかりで男子児童の「正しい」性役割学習が憂慮されると言いながら、家庭で母親ひとりが子どもの面倒を見ることは、男の子の教育と何の関係もないという男もたくさん見てきた。

男性だけが軍隊に行く兵役法は男性によって作られたのに、女性が悪く言われる。「奇数の番号の子だけ掃除をしろ」と命令したのは担任の先生なのに、掃除を免れた偶数の子を憎むのと同じである。「男らしく」「男のくせに」「男が泣くのか」ということばで男性性を刺激し、男性性の範囲を狭めるのもほとんど男性である。家父長制とホモソーシャルは、男性なら、何としても妻子がいなければならず、家族を扶養する能力を身につけなければならないという神話を作り上げた。男性が背負う経済的負担は家父長制から出発したものだが、憤りを覚えた男性の攻撃は女性に向かう。

被害者に詰め寄る韓国社会

大学で起きる性犯罪加害者の四人中一人が教員である。被害者の一〇人中八人が学生である。学生に比べ、教員のほうが少数であることを考えたら、加害者である教員の比率は非常に高い。*4 言い換えると、性犯罪は権力関係から起きる。間違えた、衝動的にやってしまったというのはうそである。酒に酔っていても社長の頬を叩く社員はいないし、理事長の娘にセクハラをする校長もいない。それなのに女性に対し気をつけるようにと念を押し、責任を問う。

暴力事件の被害者が示談金をもらえば、身体的、精神的被害に対する補償を受けたことになるが、性暴力事件の被害者が示談金を受け取ったら、最初からお金目当てに近づいた「ハニートラップ」だと思われる。接待飲食業で働く人は性暴力の被害者になれないと考える人も多い。真摯に問いたい。では、格闘技道場でスパーリングの相手をしてくれる人は、道を歩いていて殴られても、暴行事件の被害者にはなれないのか、と。

＊4　「君の成績は…教授と女子学生、性犯罪の衝撃実態」『中央日報』二〇二〇年一二月八日。

性暴力を加えたとしても酩酊状態だったり、うつ病があったり、年がまだ若かったり、偶発的だったり、暴行はしなかったり、間違いを深く反省したりすれば、減刑のチャンスが得られる。なんと大学生ということで減刑された人もいる。酩酊した女性をネットカフェに連れていき、レイプした男は、大学生で初犯だから執行猶予つき判決を受けた。湖沼公園のまわりをうろうろしながら、わいせつ行為やレイプをしようとして捕まった男は躁うつ病ということで執行猶予がついた。女子トイレに侵入し、レイプし、動画撮影までした男は酩酊状態だったことで執行猶予がついた。世の中に大きな衝撃を与えたチョ・ドゥスン[☆16]は犯行直前、お酒を飲んでいたため、心神耗弱の切り札を得て、二〇二〇年には満期出所する。

女性家族部[☆17]で実施した「二〇一六年度全国性暴力実態調査」を見ると男性回答者の五五・二％が「女性が気をつければ性暴力を減らすことができる」と答えている。我々はものを取られた人に、どうしてそんなへまをやらかしたかと、責めたりしない。道を歩いていて殴られた人に、殴られるようなことをしたのではないかと、問い詰めたりしない。殺人、放火、強盗、詐欺、脅迫などどんな犯罪においても被害者に「どうして気をつけなかったのか」と問いただ

☆16　**チョ・ドゥスン**
二〇〇八年に八歳の少女に対しレイプ事件を起こし、懲役一二年刑が言い渡された。

☆17　**女性家族部**
女性の権利を守り、社会活動を拡大させるため、二〇〇一年に中央行政機関「女性部」が設立された。その後、二〇〇五年、二〇〇八年と二度の改編を経て、二〇一〇年、青少年の問題や多文化家族の懸案などにも積極的に対応するため、現在の「女性家族部」に改編された。

したりしない。唯一、性犯罪被害者にだけは、どうしてそういう服を着ていたのかと、どうしてそういう化粧をしていたのかと、どうしてそんなに遅い時間に出歩いていたのかと、どうしてお酒を飲んだのかと、どうしてひとりで街を歩いていたのかと、どうして抵抗しなかったのかと責める。

統計で見る韓国女性の一生

地下鉄の優先席の前で逆差別云々と言う人はいない。障がい者専用の駐車場を見て、非障がい者が差別されていると主張する人もめったにいない。子どもの交通費が成人より安いことも理解している。低所得層を金銭的に支援することも納得である。彼らが社会的弱者であることを認めているからである。ところが、二〇～三〇代の非婚男性の五七・六％は、韓国社会で男性が差別を受けていると考えている。[*5] 彼らは女性が社会的弱者であることに同意できない。まわりには優秀な女性があまりにも多く、きれいな女性は得しているように見えるからだ。肝に銘じよう。社会のレベルは例外ではなく平均で決まる。女性として生きることがどれだけ不都合なことかをデータが証明している。数字が多

＊5　ＭＢＣ「二〇～三〇代男性報告書――なぜ彼は彼女に背を向けたのか」『ＰＤ手帳』。第一〇四九回、二〇一五年八月四日放送。

くて混乱するかもしれないが、わかってほしい。こんなことでもしないと信じてもらえないと思うからだ。

二〇一六年の韓国の性別間賃金格差は三六・七％である。男性が月々一〇〇万ウォンをもらうとき、女性は六三万ウォンをもらう。ＯＥＣＤが調査を始めた二〇〇〇年以来、一度もワースト・ワンを逃したことがない。ＯＥＣＤ平均より二倍は高い数値で、二位である日本より一〇％以上高い、圧倒的な一位である。統計庁の資料によると、三〇〜四〇代で賃金差が急激に広がっている。職場内のガラスの天井[*6]と結婚、出産、育児による経歴のブランクが主な要因として挙げられる。女性の経済活動参加率は出産期に減少し、子どもの成長に従ってまた盛り上がるＭ字形を見せるが、再就職した場合、既存の経歴が活かされず、単純作業の現場に投入されることがほとんどだからだ。社会的に解決すべき課題である。

中小ベンチャー企業部の資料によると、二〇一六年基準で、大手企業と中小企業の常用雇用労働者の賃金差は三七・一％である。性別間賃金格差、三六・七％とほぼ同じ水準である。男性と女性のあいだには大手企業と中小企業くらいの賃金差がある。文在寅《ムンジェイン》大統領は野党時代から労働市場の両極化問題を数回指

＊6　形式的には男女に平等で同等な機会が付与されているように見えるが、上に行こうと思うと、見えない壁が立ちはだかっているかのように、女性の地位の向上が難しい現実を表すことば。透明なガラスで作られた天井だから、ぶつかってみるまではあることすら気づかないという意味が含まれている。

摘し、強い解決意志を示した。政府は性別間賃金格差解消にも心血を注がなければならない。賃金の差は結局階級の差へとつながる。

世界経済フォーラムが毎年発表しているジェンダーギャップ指数（ＧＧＩ）で韓国は、二〇一六年基準で、一四四カ国中、一一六位となった。二〇一五年一一五位、二〇一四年一一七位、二〇一三年一一一位でずっと下位圏にとどまっている。ジェンダーギャップ指数は、経済・教育・健康・政治の四つの分野で同国の男性を基準点とし、女性と比較したものである。相対的数値が反映されるため、ほかの国の女性と比べたら高くても、自国の男性の権益水準によっては順位が低くなることもある。ひとり当たりＧＤＰが七五〇ドルにとどまるルワンダが毎年上位を占める理由である。

一部の男たちは、国連開発計画が発表しているジェンダー不平等指数（ＧＩＩ）でこの順位に物申す。ジェンダー不平等指数で見る韓国は二〇一五年基準で一五五カ国中、一〇位であり、世界的なジェンダー平等国家だという。なぜだろう。国連開発計画は開発途上国の開発および支援事業をサポートするために設立された機関である。彼らは国会議員の比率、高等教育の比率、経済活動参加率のほか、妊婦の死亡率、青少年の出産率など経済弱小国で問題になりやすい指標を反映する。韓国女性政策研究院の分析で、韓国のジェンダー不平等指数の順位が高いのは、記録的に低い妊婦の死亡率（一〇万人中、一一人）と青少年出産率（一〇〇〇人中、一・六人）によるものだということがわかった。経済規模として世界一一位の韓国とジェンダー不平等指数は、どうもぎこちない関係だ。

英国の週刊誌『エコノミスト』が発表したガラスの天井指数で、韓国は二〇一六年基準で一〇〇点満点中、二五点を取り、調査対象二九カ国中、最下位を記録した。四年連続のビリである。性別による格差がひどいことで有名な日本や国民の大半がイスラム教信者（その戒律は女性の自由を大きく制限しているとされる）であるトルコより低い順位だ。『エコノミスト』によると、高等教育を受ける韓国の女性は、男性より七・六％少なく、経済活動に参加する女性は、男性より二二・六％少ない。管理職における女性比率は一一％、企業における女性役員は二・一％に過ぎない。歴代最多の女性議員を誇る第二〇代国会（一七％）でもOECD平均（二八・二％）とはずいぶんと差がある。

運転が未熟な女性は「キム女史《ヨサ》」と揶揄されるが、交通事故は男性のほうが多く起こす。韓国交通安全公団が二〇一〇年に発表した「男女交通事故の特性比較」によると、男性一〇〇人当たり、一・一三件、女性一〇〇人当たり、〇・三四件の交通事故が発生し、男性運転者の比率が三・三倍高かった。自動車専門ポータルサイト「モトヤ」の分析によると、二〇一六年、交通事故による死亡事故四二九二件中、男性運転者が三七八八件、女性運転者が五〇三件と、男性運転者の割合が八八％に達している。男性運転者のほうが女性より多いことを考慮しても、一方に偏った数値である。

二〇一四年、雇用労働部の発表によると韓国の男性は一日、四五分間、家事労働に従事した。韓国の女性が毎日家事に割り当てている二二七分の二〇％に満たない時間である。同じ年、統計庁の発表によると、家事分担率は一六・五％でOECD加盟国のなかで最下位である（私の父親だけを見ても、洗濯機を回す方法を六一歳で学んだ）。共働き家庭の夫は四一分、妻は一九三分家事労働をしている。夫だけが働いている家庭では夫が四六分、妻が三六〇分とその差が大きい。妻だけが働いている家庭でさえ、夫が九九分、妻が一五九分と女性のほうがより多くの家事労働を担っていた。

捜査機関に寄せられた性暴力発生件数は二〇〇五年に一万一七五七件、二〇〇九年に一万六一五六件、二〇一一年に二万二〇三四件、二〇一三年に二万六九一九件、二〇一四年に二万九八六三件とずっと増加傾向にある。性暴力被害者の九五・二％が女性であり、被害者が直接警察に申告した割合は一・一％に過ぎなかった。深刻な水準の性暴力の申告率も低かった。強制わいせつは五・三％、強姦や強姦未遂は六・六％だけが申告された。専門家らは国内性暴力犯罪の申告率が一〇％前後であると推定している。

検察庁の「デート暴力（ＤＶ）発生現況」によると、恋人どうしのあいだで発生したデート暴力検挙件数は二〇一四年に六六七五件、二〇一五年に七六九二件、二〇一六年に八三六七件と継続して増加している。一日平均申告件数だけで二三件である。デート暴力による殺人は毎年一〇〇件を上回る。三日に一人の割合で女性が死に至る深刻な水準にまで達しているが、軽い処罰がつづき、議論が絶えない。カラオケで取り消しボタンを押した恋人を殴り、前歯を折った二〇代の男と、二時間ものあいだ、恋人を監禁、暴行した医学専門大学院生はそろって罰金刑を受けた。同居人を殴り殺したあと、セメントに埋め、死体を隠した男は被害者の父親が示談に応じたという理由で懲役三年刑を受けた。

全国教職員労働組合が二〇一六年一〇月に実施したアンケート調査で女性教

員一七五八人中、七〇・七％が仕事でセクハラを受けたことがあると答えた。四〇・九％がダンスを強要され、三四・二％がことばによるセクハラを、三一・九％が身体的接触をともなうセクハラを受けたと明かした。キスや愛撫などわいせつ行為も二・一％、強姦や強姦未遂も〇・六％もあった。セクハラの加害者の七〇％が校長や教頭など学校の管理職だった。

男性は生き、女性は生きのびる。一〇％に過ぎない申告率であっても年間三万件以上の性犯罪申告が受理される国で、報復の恐ろしさに震えながらやっとの思いで申告をしてもその三分の一しか起訴されない国で、夫または恋人の手によって毎年一〇〇人以上の女性が殺害される国で、女性が男性の賃金の三分の二ももらえず、男性より五年早く退職する国で。

男もフェミニストになれるだろうか

これまでの慣習を打ち破る志が、マイノリティや弱者の立場に向き合ったとき、少なくともリベラル陣営ではそのことを非難するべきではない。白人が黒人の人権を、非障がい者が障がい者の人権を、異性愛者が同性愛者の人権を、資本家が労働者の人権を主張する場合がそうである。ところが、男性が女性の人権を主張するときは例外だ。彼らは一蹴する。「あいつ、女からもてたいんだよ」。同意するつもりはないが、それでもかまわない。もしもフェミニズムを勉強して女性にもてるなら、一緒にやったらどうだろうか。女の人がすごく好きみたいだから。

男である私にとってフェミニズムは非当事者運動である。経験に限界があるから、切実さも足りない。フェミニズム運動は女性がしたほうがもっとも効果的だという話に異論はなく、男がフェミニズムを語るときは、自分の声が女性より大きくならないように警戒しなければならないといった主張にも同意する。マンスプレイニング[*7]をしないことは基本中の基本である。しかし、「女が戦うから、男は帰れ」と言われて、引きさがるわけにはいかない。黒人の公民権運動に身を投じた白人がいて、性的マイノリティの人権運動に人生をかけたシスジェンダー・ヘテロ[*8]も多い。生物学的性別も、社会的性別も女性だが、フェミニストを批判する「名誉男性」が少なくない。重要なのは志である。

また男だから可能な役割もある。フェミニズムを一緒に勉強しているある先生は生徒が口にした「キムチ女」ということばを制止しようとしたが、「先生

＊7　男（man）と説明する（explain）が結合した単語で、男が女に対し、偉そうに説明することをいう。

＊8　シスジェンダーは誕生時の身体的性と自認する性が一致する人を、ヘテロは自分とは別の性別を持った人にひかれる性的指向を指す。

に向かって言ったわけでもないのに、どうしてですか。もしかして先生もキムチ女ですか？」という反応に困惑したという話をしてくれた。このケースのように男子生徒に間違いを説明し納得してもらうには、男性教員から話をしたほうが効果的な場合もある。女性の話より男性の話に信頼を寄せる男が多いからである。聞き捨てならない男性上司の発言に「最近はそういうことを言ったら、たいへんなことになりますよ」と制止するのも、フェミニズムに拒否感をあらわにする男性同僚を説得するのも、同じ男がやるとよりスムーズにいくことがある。

何よりもフェミニズムは女性だけのための運動ではない。狭く硬い殻に閉じ込められた男性の呼吸をも楽にさせてくれる。男たちはどうしてお酒に酔わないと本音が吐き出せないのか。たいへんな状況でもひとりで耐え抜くこと、悲しいことがあっても泣かないことが、どうして男の美徳になったのか。感情をぐっと抑えつけて暮らしているから、女性より寿命が短いのではないだろうか。女性の所得が男性と同じくらいになれば、すべての費用を半分ずつ負担するのが自然になるのではないだろうか。育児を女性に任せっきりにしなければ、父親と子どもの絆が深まるのではないだろうか。自分の家族が、自分の友達が、自分のまわりの人びとが日常で不快感や恐怖を経験せず暮らすことができれば、それは自分にとってもいいことではないだろうか。

議会制民主主義の本場である英国の女性たちには、一九二七年まで投票権がなかった。韓国で婚外性交の処罰条項であった姦通罪は、一九五三年六月まで女性にしか適用されなかった。性的暴行を受けて自殺した女子大学生を、地上波のニュースが「貞操観念」の面から称賛したのが、せいぜい一九九四年のことである。戸主制は四〇〇〇万人（人口の八割以上）が携帯電話を手に入れた二〇〇五年になって廃止された。現在の常識では納得しがたいことも、当時は習慣、伝統、美徳として受け入れられていた場合が多い。いまの基準から見ると、しごく当然なことも、当時は急進的変革のように受け取られることが多かった。歴史は多数派に、より多く権利を保障するように発展してきた。フェミニズムをめぐる今日の対立も、いつかは、旧弊と偏狭がつくりだした恥ずべき姿として記憶されるだろう。

米国の歴史学者ハワード・ジン（Howard Zinn　一九二二〜二〇一〇）は、白人の大学教授だった。すなわち、社会が変わらないほうが有利な既得権を持つ知識人だった。しかし、彼は黒人学生の学習権のために戦い、投票権を求める黒人たちの先頭に立った。繰り返される免職処分や投獄を目の前にしても貫き通してきた彼の信念に、ほかの白人たちも一人、二人と感化されていった。今日の米国人は、肌の色が異なる人びとのために一生を捧げ、戦ってきた彼を、自分の利害より信念と正義に従って動いた彼を、人種差別撤廃に転機をもたらした彼を、「現代史の良心」であり、「実践的な知識人」として記憶している。

私はこの文章を読む男性がフェミニズムのハワード・ジンになってくれることを願う。よりよい社会のために手を差し伸べてほしい。世界の半分を占める女性がたんに女という理由だけでキャリアのブランクを経験せず、夜道を恐れず、夢を折られない社会を築くために一緒に声を上げてほしい。男の子が涙を我慢せず、つまらない話を好きなだけ語り、育児の楽しみや家事の疲れを知る人間に育つために力を貸してほしい。託児施設（キッズ・ルーム）で男の子も人形で遊び、女の子もロボットを組み立てられるように、学校の運動場でサッカーをする女子生徒とゴム跳びをする男子生徒が共存できるように、女子生徒がエンジニアを、男子生徒がネイリストを夢見、おままごとをしている子どもたちが会社から帰ってきた父親とご飯を作る母親を真似しないように、「女だから」「男だから」ではなく「自分が」好きで求めているから、何でも探索し、選択できるように、この道を一緒に歩んでほしい。

いつどこでも既得権を持っていられる人はいない。「私は韓国人だから移住労働者の苦労には関心がない」「私は慶尚道出身だから、全羅道☆18の人がどんなあつかいを受けてもかまわない」。このように思う人が多いほど、世の中は生きづらくなる。「お前がそんなことをしても何も変わらない」「ひとりでどんなに頑張っても変わるものはどうせ何ひとつない」などと言う人が多ければ多いほど社会は暮らしにくくなる。「私は男だから、女の人生は知らなくてもいい」と思う人が多ければ多いほど、世の中は廃れていく。

誰でも弱者の立場に置かれることがある。正規職の労働者は、非正規職の労働者と比べ相対的強者であるが、資本家の前では無力になる。大学教授はもっとも強い立場だと思われているが、教授の社会では出身大学で差別される。第一次下請け業者は第二次下請け業者の生殺与奪権を握っているが、元請けの大手企業の前ではぐうの音も出ない。韓国で男—非障がい者—異性愛者—資本家として暮らせたら申し分ないだろうが、米国に行けば「イエローモンキー」に過ぎないかもしれない。

健全な社会とは他人の痛みをうかがう人が多い社会である。大きさや程度の

☆18 **全羅道《チョルラ》**　全羅南道と全羅北道を合わせて全羅道と呼ぶ。東学農民運動や五・一八民主化運動が起きた場所として有名。歴代大統領が輩出している慶尚道や首都圏などとは、政治的な対立を指摘されることも多く、全羅道はときに差別やヘイトの対象として名指されてきた。

違いはあっても、誰にだって痛いところがある。この傷につける薬とあの傷につける薬は、異なるものではない。

4章　八〇〇人の男子生徒とともに

生きるためのフェミニズム授業

沈黙しないと誓った。何ができるか悩んだ。プラカードを持つこと、スローガンを叫ぶこと、まわりを説得すること、すべてが重要だが、それより持続的で体系的なことがしたかった。一回切りで終わらず、息長く、つづけてやっていける何かが必要だと考えた。

答えは身近にあった。私は教師で私のまわりには八〇〇人の男子生徒がいた。彼らが既成世代の男性と違った人に育ってくれるのなら、目と耳と心を開き、世の中に飛び出していってくれるのなら、それよりやりがいを感じることはなさそうだった。一歩進んで、毎年数百人の男子生徒を指導し、今後、数千人の男子生徒を指導していくだろう同僚の教師に小さな影響でも与えられたら、これより理想的な実践はないだろうと思った。

教室に配置する『女性新聞』の購読を始めた。フェミニズムの文言が書かれた服を着て、バッジをつけて通った。学級文庫にフェミニズムの棚を設け、本を収めておいた。クラスの生徒と共有しているカカオトーク（モバイル・メッセンジャー・アプリ）のグループには新聞記事のリンクを貼った。

もっとも根本的な実践の場所はやはり授業だった。最初は特別な授業の資料を用意しようかとも思ったが、すぐに心配になった。平常時の授業と関係のない内容を突拍子もなくあつかったら、生徒たちは本能的にそれを察し、身構える。「これは重要ではない」「試験には出ないものだ」。一部の生徒は教師に下心があるのではないかと疑念を抱く。「前ぶれもなく、こんなことをやる理由は何？」心が閉ざされた状態では、口も開かず、体がこわばる。授業が教育課程から大きくかけ離れれば、準備段階からこじれ、結局、崩壊してしまうことは知っていた。生徒たちの反感を買い、警戒心が発動されたら、やらないほうがよほどよいということもすでに経験していた。

ふだんの授業の延長線上にフェミニズム関連資料を導入すれば、生徒たちの集中度が違ってくる。授業の必要性や意味を説明するなど、事前の地ならし作業も円滑にいく。たとえばこういうことである。

「みなさん、キャンドル革命[☆1]以後の時代精神がどんなものかわかりますか。弱い人や苦しい人に注意を向け、彼らの声に耳を傾けることです。もっとも低いところ、もっとも暗いところをしっかり見て、痛みを共にわかち合うことで

☆1　キャンドル革命
二〇一六～二〇一七年に、より信頼できるリーダーを求めた市民たちがろうそくを手にして集まり、朴槿恵《パククネ》前大統領の退陣を要求した。この平和集会は全国に広がり、朴前大統領は罷免。より民主的な政権が誕生した。

す。だから、いまは社会的弱者のための政策が多く出ていますね。そういう意味でジェンダー平等に関する授業も必要性があるでしょう。だから……」

生徒たちの目がキラキラしはじめたら、カウンターパンチを見舞う。

「生徒の人格、良心、品性、このようなものを情意的領域[☆2]といいます。生活記録簿[☆3]の項目のなかの情意的特徴欄に書けることば、多くはないですよね。さあ、考えてみましょう。差別される女性の人生について想像でき、苦悩する男子生徒とか、かっこよくないですか？」

ここまで言うと、生徒たちの気持ちが焦っているのが感じられる。手に持っているその紙は何ですか。早く渡してください。めまいがします。そういう表情でこちらを見る。意地悪な冗談で子どもたちを騙したようだが、よくよく考えてみれば、間違った話ではない。

賢い人は多いが、思いやりまで備えている人はめったにいない。暗記力や理解力に優れた人は多いが、批判的な思考力や社会文化的な洞察力を備えている人も珍しい。フェミニズムを勉強してみたら、自分とは無関係だと思っていた苦しい立場の人びとの声に耳を傾けることになる。あたりまえだと思っていたことがそうでなくなる不思議な経験をすることになる。慣れ親しんだことを別

☆2 **情意的領域**
非認知的能力の一項目。韓国の学校の内申書には認知的領域としてテストの点数を元にした成績が記載される一方で、非認知的領域として授業への参加度合い、学習に取り組む態度、日常生活における応用、積極性、協調性、個性などを評価している。

☆3 **生活記録簿**
生徒の学習や学校生活など、さまざまな項目について評価・記録したもので、進学や就職などの際に活用される。日本の学校における「調査書」（内申書）に相当する。

の観点から見る能力が生まれ、個人の人生を社会や歴史の領域にまで拡張して見る巨視的眼差しが芽生える。

これから紹介する授業は「弘益人間[☆4]の理念のもと」、生徒たちに「人格を陶冶し、自主的生活能力と民主市民として必要な資質を備えさせることにより、人間らしい人生を営み、民主主義の発展と人類共栄の理想を実現することに役に立つ」人間を育てるために実施した。意図したつもりはないが、大韓民国の教育基本法における教育理念とほとんど同じである。よいことではないか。

「そばの花咲く頃」――性暴力を美化しているのではないか

私たちの学校で使っている『国語Ⅰ』の教科書には美しい背景描写で知られる叙情的小説「そばの花咲く頃」[☆5]が掲載されている。短編小説のなかでも分量が少なく、全文を掲載できるため、教科書で愛用されている作品である。小説の舞台となっている逢坪面《ボンピョンミョン》、珍富面《チンブミョン》、大和面《テファミョン》が江陵と近いので、我が校の生徒には身近な作品として受け入れられている。多くの人に愛される秀作だが、サツマイモにゆで卵を混ぜて食べているように息苦しい場面もある。私は次の

☆4　弘益《ホンイク》人間
広く人びとに利益をもたらすとの意。韓国に古くから伝わる建国神話に描かれた建国理念であり、教育基本法における教育理念のひとつ。まわりや社会にいい影響を与え、さらなる発展へ導く人材の育成をめざす。

☆5　「そばの花咲く頃」
一九二〇年代の韓国を舞台とする小説。李孝石《イヒョソク》（一九〇七〜一九四二）の代表作で、一九三六年に発表された。

内容に着眼し、「ネタ」を披露した。

「月夜だったが、どうしてそうなったか、いま考えてもまったくわからない」

許《ホ》生員☆6は今宵もまたあの話を持ち出そうとするのである。趙《チョ》先達☆7は友人になって以来、耳にタコができるほど聞かされてきた。だが、飽きたとも言えずにいると、許は何くわぬ顔で、また繰り返し、同じことを語るのであった。

（……）

「おれを待っていたわけでもないが、だからといって、ほかに待っているやつがいたわけでもない。あの娘は泣いていたんだ。察しはついていた。ソン家は、家計が火の車でたいへんな時期だった。一家のことだから、娘たちも心配しただろう。いい縁談でもあれば、嫁に行かせたがっていたが、死んでも行かないと言う……。だけど乙女というのは、泣いているときほど、美しく見えるものだ。最初は驚いた様子だったけど、気が滅入っているときには、誰かに頼りたくなるものだから、あれこれ話がついた……。いま思えば、怖くて驚くべきとんでもない夜だった」

「堤川《チェチョン》だかに逃げたのは、その次の日だったたっけ？」

☆6　生員《センウォン》
本来は、科挙の小科に合格した者を指すが、朝鮮時代末期以降は、年老いた男性を呼ぶ際に用いられた。

☆7　先達《ソンダル》
本来は、科挙に合格したが官職に就かなかった者を指すが、朝鮮時代末期以降は、科挙とは関係なく、成人男性を呼ぶ際に使われた。

「次の市が立つころには、家族全員が消えていた。市場はその話で持切りで、せいぜい酒屋に売り飛ばされるのがおちだと、あの娘の噂話をしていた。おれは、堤川の市をくまなく探した。ところが、あの娘の姿はどこにもなかった。初夜が最後の夜となった。あの日から逢坪が気に入って半生をかけて行ったり来たりするようになった。一生をかけても忘れっこない」

「運がよかったな。そんなに不思議なことはめったに起きない。ふつうは醜い嫁をもらって子どもを生んで、心配事が増えるだけだ。考えるだけでぞっとするよ……」

主人公の許生員はかすかな月明かりが美しい夜、そばの花が目いっぱい咲いた山道を歩きながら、過去を思い出す。一生をひとりで生きてきた彼にとって、ソン家の娘は人生でたったひとりの女だった。沐浴をしに川辺にやってきた彼は、水車小屋でソン家の娘に会い、自分の境遇を悲観し、泣いていた彼女と性的関係を結ぶ。そして、その日の思い出を一生の宝物として大切にしている。月が昇る夜には友達の趙に、耳にタコができるくらい繰り返していた。

気になった。ソン家の娘は偶然出会った男との性的関係に同意したのだろうか。いまよりずっと保守的だった時代、小さな田舎の村で、本当に？　前後を見れば、二人は知り合いでもない。はたして彼女にもあの夜のことが素敵なロマンスとして記憶に残っているのだろうか。探してくれる人もいなければ、悲鳴を上げても届くはずのない真夜中の水車小屋である。物理的な危険を察し、抵抗できなかったのかもしれない。許にとってはロマンスに満ちた出会いだったあの日が、ソン家の娘にとってはひどい夜として記憶に残っているのかもしれない。許と同じようなことをして、罪の意識に苛まれるはおろか、若気の至りだったと主張した大統領選の候補もいた。

　ソン家の娘が性的関係に同意したなら？　だとしても許のようにそれをあちこち吹聴して回ってはいけない。韓国社会は男性の性に必要以上に寛大で、女性の性に病的に執着する。女性なら、後ろ指をさされることも、男性なら「うわ、〇〇くん、うらやましい」とヒーローとしてあがめられることもある。だからだろうか。一部の男はキャバクラに行ったことも堂々としゃべるが、一部の女性は、恋人がいることさえ、隠そうとする。

　こういう話を生徒たちと交わした。性に関する話が目いっぱい入っていたからだろうか。一〇代の男子生徒はアドレナリン全開で熱心に聞いてくれた。すぐさま副交感神経が作動しそうだったので、文章にしてみようと素早く提案した。三つの質問を投げかけた。

①ソン家の娘は性的関係に同意したのだろうか？

②性暴力と性暴力ではないことを区分する基準は何なのか？

③我々はどうして女性の私生活に厳格なのだろうか？

二〇〇〇年生まれの生徒たちの女性観、性意識、ジェンダー・ステレオタイプの認識水準を知りたかった。内心、期待したが、結果は予想通りだった。年式が古くないだけで、韓国で生まれ韓国で育った輩《ともがら》だった。まだまだ道のりは遠い。大きな絵を描かなくてはならない。

「春香伝《チュニャンジョン》」――いまも昔も女性はなぐさみもの

『国語Ⅱ』の教科書には、朝鮮時代後期の最大のベストセラー「春香伝」[☆8]が掲載されている。成春香《ソンチュニャン》と李夢龍《イモンリョン》を知らない生徒はひとりもいなかった。作品

☆8 「春香伝」　朝鮮時代の大衆小説。作者未詳。全羅北道《チョルラブクト》・南原《ナムォン》の府使（朝鮮時代の行政区域のトップ）の息子・夢龍と妓生《キーセン》（芸者）の娘・春香が恋に落ちるが、夢龍が科挙を受けるため、都・漢陽《ハニャン》に旅立つ。ひとり残った春香は、新しく赴任した卞《ピョン》府使に言い寄られおとぎを強要されるが、拒みつづけて夢龍を待つ。パンソリ（韓国の口唱芸能）としても有名だが、オペラ、演劇や映画としても制作された。

への理解も十分で、グループ討論をさせたら深いテーマまであつかうことができそうだった。そこで、三つの質問を投げかけた。

①卞府使を法廷に立たせるとしたら、どんな罪を適用し、何年の刑を下すことができるか?

②李夢龍はどうして漢陽に成春香と一緒に行かなかったのだろうか?

③性的関係を結んでもいい年齢や状況はいつだろうか?(夢龍と春香は一六歳で初夜を迎えた)

生徒らは卞府使に適用できる罪目として姦淫罪、侮辱罪、強制わいせつ罪、職権乱用罪、暴行罪、脅迫罪などを書いた。すべてのグループが、卞が府使の地位を利用し、権力を振りかざし、性的暴行を加えたことに同意した。適切な刑量についてさまざまな意見があったが、半分以上のグループが死刑を主張した。実際の法廷だったらどうだろうと質問したら「罪質《たち》が悪く、一〇年以上の判決が下るのでは」との答えが返ってきた。正義感が強いからだろうか、世間の垢がまだついていないからだろうか。

現実を教えるために、故チャン・ジャヨン事件[☆9]について説明した。彼女は女性芸能人を搾取する芸能界の性接待構造の被害者であり、そのなかで自身が受けた苦痛を暴露し、みずから命を絶ったのだと伝えた。彼女が残したリストにある数十人の権力者は全員容疑なしと処理され、実刑が言い渡されたのは所属事務所の代表と文書を公開した人、二人だけだったことも付け加えた。生徒たちは憤慨した。

翌日にはKBS第二TVのバラエティ番組『ホドンの芸・体・能』のミニサッカー編を見てもらった。陸軍チームとのミニサッカーで敗退した芸能人チームは、女性アイドルグループと通話がしたいというひとりの軍人の願いを叶える。電話がつながったアイドルグループは、露出の激しいファッションで軍の部隊を訪問し、煽情的なダンスを踊る慰問公演を行った。若く美しい女性の肉体で、国家に呼ばれた男性を慰撫する点で、日本軍「慰安婦」とその根源が似ているのではないかと生徒たちに聞いてみた。理解しづらい話だったのだろうか。とんでもない主張だと思われたのだろうか。多くの生徒が首を傾げた。しかし、それ以上は言わなかった。まだまだ序の口だ。

「慰安婦」の記事に書かれたコメントを生徒たちと一緒に見ながら意見を聞

☆9　故チャン・ジャヨン事件
　所属事務所の社長から暴行を受けた俳優チャン・ジャヨンが、性接待を強要されたとして自殺した事件。二〇〇九年に亡くなったが、その後も真相は明らかにされていない。

いたりもした。「日本に復讐するために、我々も日本人女性を強姦せよ」とのコメントを見た生徒たちは、間違いを犯したのは日帝なのに、どうして罪のない日本人女性に八つ当たりするのか、結局、また女性だけが被害者になるのではないかと批判した。女性の人権の観点から「慰安婦」問題に触れた我が校の生徒たちと違って、この問題を「民族の誇りの蹂躙」と理解する人びともいる。数年前までメディアは、大衆の怒りを刺激する方向で「慰安婦」問題をあつかってきた。若くてきれいで純粋な少女たちが経験した苦痛と悲劇との観点から、まるでポルノのように見世物にし、国民の復讐意志に火をつけるようなやり方だった。このような文脈で登場したと思われる「日本人女性を強姦する」という主張には、「私も君のものを壊してやる」という原始的な復讐心しか残っていない。彼らにとって女性は「誰かのもの」と同じであり、言い換えれば、男性と同等の人格の主体ではない。当事者の人権は立場を失う。

李夢龍は漢陽に成春香と一緒には行けなかったのだろうか。この質問には意見が真っ二つにわかれた。「怒られても父親に率直に言うべきだった」という主張と、「科挙に合格したあとに、春香の存在を告げたからこそ、結婚が可能になった」との主張が五分五分だった。「結婚の許可はおろか、怒られる覚悟もできていないくせに、これまで夫のふりをしてきたなんて信じられない」「両親をいつまでも騙せるはずがないのに、公になることを想定せず、春香と逢引きをしてきたなんて無責任だ」「李夢龍が首席で科挙に合格したからよかったものの、次席だったら、春香は殺されたに違いない」などの意見が挙がった。

それから、ひとりの生徒がこう言い放った。李夢龍は恵まれた人だから、南原にいるあいだ遊びとして楽しんだに過ぎない。漢陽で両班☆10の娘と結婚できるから、あえて春香を漢陽に連れていく理由などないと。春香などのちに妾《めかけ》として囲っても問題ないわけで、どうせ自分との噂が広まっているから、春香は不利な立場だ。彼もそんなことを思ったはずだ。冷笑的な見解だが、論理的に可能なアプローチだった。そこで、私も付け加えた。誰と誰が寝たと噂が立ったら、なぜ女性だけ陰口を言われるのだろうか。なぜ女性だけが雑巾と呼ばれるのだろうか。男とセックスして雑巾になるのなら、汚いのは男ではないだろうか。考えてみようと言った。

性的関係を結べる年齢、性的関係を結んでもいい年齢に関する討論がいちばん面白かった。生徒たちは口では家族を養えるようになってからしたほうがい

☆10　両班《ヤンバン》
高麗、朝鮮時代の支配階層。

いと言いながらも、顔では誰も彼もみんな「そんなわけない」という表情をしていた。農耕社会では中学生くらいの年にも結婚をしたが、社会構造が変わり、準備段階が長くなった結果、結婚適齢期が一〇年以上延びたことや、暮らしが変われば、セックスする年齢も変わるから、それよりも重要なことは、パートナーの同意の有無だと生徒たちに説明した。

NOはNOとして受け入れること。婉曲な拒否をYESと理解しないこと。「嫌よ嫌よも好きのうち」のような話は、男たちが男のために作ったファンタジーだから絶対に信じないこと。強引に女性の腕を引っ張ったら拉致、嫌がるのに会社の前にまで行くのはストーカー行為、壁ドンでキスをするのは暴力だから、三つともしないこと。どうか自分勝手に解釈せず、ポルノを現実世界に反映させないようにと訴えた。

李陸史《イユクサ》は男性的語調、金素月《キムソウォル》は女性的語調?

厳しい季節の鞭に打たれ
ついに北方に押し流されてきた

空もすでに力尽きた高原
霜柱の鋭い刃のその上に立つ

どこに跪けばいいのだろう
一歩　爪先を踏み入れるところすらなく

それゆえ、まぶたを閉じて考えてみるが
冬は鋼鉄で作られた虹のようだ

私を見るのが嫌になって
離れて行かれるときには
何も言わず、そっとお見送りしましょう

寧辺《ヨンビョン》の薬山《ヤクサン》
つつじの花

——李陸史☆11「絶頂」

☆11　李陸史
　一九〇四〜一九四四。詩人。日本帝国に対する抵抗や民族の悲劇についての詩を多く残した。独立運動を行い、のちに逮捕され、北京の刑務所で獄死した。

腕一杯に摘み取り、行かれる足もとに蒔いてさしあげましょう

行く先々に
置かれたその花を
そっと踏みながら、お行きください

私を見るのが嫌になって
離れて行かれるときには
死んでも涙など流しません

——金素月[☆12]「つつじの花」

『文学』教科書には李陸史の「絶頂」と金素月の「つつじの花」が並んで収録されている。両方男性の詩人なのに、片隅に「男性的語調」や「女性的語調」といった説明があり、どうも納得がいかなかった。そこでは、男性的語調の特徴を「端的な表現と命令形の口調」だと説明し、力強く堂々とした感じを与えるので、主張の伝達や強靭な意志を表すのに効果的と付け加えられていた。

☆12 金素月 一九〇二〜一九三四。民謡調の詩を多く残し、いまでも愛される詩人である。

半面、女性的語調の特徴は「柔らかく落ち着いた口調と消極的で受動的な態度」だと説明し、祈願や諦念に主に用いられると付け加えられていた。勧誘表現でよく使われ、主に敬語を使っていることも特徴として挙げられた。

「これ、古臭いです」。用語の適切性を問う前から、生徒たちが先に指摘した。私もそう思う。本当に古臭い。男性的語調、女性的語調という概念をつくりだした人が性差別主義者だとは限らない。とくに意識せず、たんに現実がそうだから、そう名づけただけかもしれない。悪意はなくとも、時に無知であるだけで、悪い結果を生むこともある。

そういう用語を教科書で発見したことで生徒たちがほんの少しでも「私も女だから、こう言わなきゃならないのかな」と悩むこと自体が望ましくない。無意識的に、荒っぽく堂々としていれば男性的で、消極的でおとなしければ女性的だと思い込み、型にはまって抜け出せなくなるのではないかと心配になる。男性は気迫があり、自信満々でなければならず、女性は受け身で恥ずかしがらなければならないのに、自分はそうではないと悩んでしまうことが懸念される。

人間は経験を通して思考し、思考の影響を受けて言語を構築する。子どもがよく見る漫画で主人公の役はほとんど男性が担っている。女性の登場人物は、その主人公に依存するキャラクターとして描かれ、危機に瀕した女性を救うことが男性主人公の核心的な役割である。ピンクの服を着た女性主人公は、例外なく美人で、戦うより魔法を使うことを好む。男の子たちがボールを蹴って走り回るとき、女の子たちが魔法の杖を手にし、そっと歩く風景は、この社会がつくりだした性役割学習の結果である。

テレビドラマではため口の夫に対し、敬語を使う妻がよく登場する。現実とはかけ離れた再現である。最近、そんな夫婦がどれくらいいるだろうか。外国映画の韓国語吹替え版を見ると、同僚であっても、男はため口で、女は敬語で処理されるケースが少なくない。何を根拠にそう作られているのだろうか。知らず知らずのうちに、積もりに積もった差別意識は、密かに男性と女性を上下関係に、固定した役割のなかに押し込んでいる。

『謝《サ》氏《シ》南《ナム》征《ジョン》記《ギ》』——真犯人は誰だ？

金萬重《キムマンジュン》の小説『謝氏南征記』[☆13]を使った作文の授業を行った。今回も三つの質問を投げかけた。

☆13『謝氏南征記』 朝鮮時代後期に書かれた金萬重の小説。背景は明の時代であり、登場人物は中国名で書かれているが、当時の王・粛宗《スクジョン》が仁顕《イニョン》王后を追い出し、張禧嬪《チャンヒビン》を王妃としたことを書いた風刺小説といわれている。ハングルで書かれたことでその読者を女性としていたことがわかる。

①この作品で悪人は喬氏《キョ》と董清《トンチョン》だけだろうか？
②謝氏がいまの世の中にやってきたら、どんな人として見られるだろうか？
③今日にも一夫多妻制があったらいいだろうか、よくないだろうか？

張禧嬪は朝鮮王朝の稀代の悪女として記憶されている。彼女をモデルに創作された『謝氏南征記』の喬氏もそうである。劉翰林《ユハンリム》の妾として居座ることになった喬氏は、優しく慈しみ深い本妻の謝氏を嫌っている。上辺では善人として振舞うが、居候していた董清と私通し、あれこれ計略をめぐらす。自分の生んだ息子を殺し、その罪を謝氏になすりつけたり、夫を罠にかけ、流刑にさせたりするなどと、人の道を外れることもいとわない。謝氏は、苦労が絶えないが、結局、すべての冤罪がはれ、元通りになる。謝氏の助けによって死の危機から脱した夫の劉翰林は、真実を知り、喬氏を処刑したあと、謝氏と幸せな余生を送る。喬氏のパートナーであった董清も悲惨な最期を迎える。この二人の死をもって、悪人の懲罰は完了となる。

どうも後味が悪かった。無能で無知な夫である劉翰林は喬氏の話に騙され、妻である謝氏に苦労をかけ、家族を混乱に陥れたが、それに相応するどんな制裁も受けることはなかった。痛烈な反省も、涙の謝罪もしなかった。作品の後半で彼は逆に喬氏を殺し、家族共同体を回復させる正義の裁判官となり、秩序の守護者の役割を担う。むしろ、本妻と妾の葛藤の根源である家父長制や蓄妾《ちくしょう》制もやはり批判されない。むしろ、家父長制の要求に忠実に従った謝氏が幸せな余生を送る結末を通して、推奨されるべき美徳としての地位が強化される。

一夫多妻制はあっても、一妻多夫制はない。悪徳な継母の物語はありふれているが、継父の物語はあまり見かけない。男は妻がいても別の新妻を迎えたが、妻は夫が死んでも再婚できなかった。継父になること自体が不可能だったから、継父をあつかった伝説や民話が伝承されることもなかった。結婚と離婚が自由ないまの時代には継母より継父が非難されることが多いが、昔は違った。悪い女をつくりだしたシステムが悪い女に懲罰を加え、女性の人生の模範を示し、そこから外れた場合、支払うべき対価をちらつかせ、脅した。

したがって「女の敵は女」とのフレームは、家父長制の所産である。正月などに勃発する嫁たちの戦いがその一例である。夫の先祖を祭るための労働が全部自分たちに課されたことで怒りの感情が芽生えるが、爆発する方向は、夫の家族ではなく、ほかの嫁であることが多い。「私は実家にも帰れず、キッチンに立っているのに、あなたはもう帰るの？」と別の嫁に恨み辛みをぶちまける。嫁どうしの感情的な争いのなかで、家父長制の原罪は姿を隠す。被支配者を分裂させ、団結を妨害する分割統治は、もしかしたら、家庭から始まったのではないだろうか。

　謝氏は家父長制の要求に徹底して従順な人物だった。いまどきのことばでいえば、「概念女」☆14である。家系が途絶える惨事を防ぐために妾を迎え入れるよう提案したのも謝氏だった。夫の実家から、無念にも追い出された謝氏は、自分の実家ではなく、夫の父親のお墓を訪れる。男に捨てられても男を捨てはしない女。謝氏は朝鮮の両班たちが求めていた幻想を見事に体現してくれた人物であった。

　『謝氏南征記』は、社会変革的な作品でも一夫多妻制を批判する作品でもない。悪い行いをすれば喬氏のようになり、よい行いをすれば謝氏のようになると戒める作品である。金萬重は『謝氏南征記』を通して、当代の女性たちに「道を外れるな」との教訓を示した。

　生徒らにどんな人を「概念女」と呼ぶのかと聞いてみた。親切な女性、無視しない女性、悪口を言わない女性、優しい女性、褒めるのが上手な女性、自分

☆14　**概念女《ケニョムニョ》**
物事を正しく理解し、自分の意見をしっかり持っている人を「概念がある」というが、二〇〇〇年代半ばには、そういう女性が「概念女」と呼ばれるようになる。とくに、当時の李明博《イミョンバク》政権に反対するデモに参加していた女性の写真が、「概念女」としてネット上で拡散し、広く認知されるようになった。男性のあいだでは「味噌女《テンジャンニョ》」の対局に置かれ、気がきき、男を立て、女子力が高い理想的な女性を指す意味で使われている。

の話に耳を傾けてくれる女性、男を見るとき、お金や背の高さ、顔のようなものを気にしない女性、割り勘をする女性などの回答が返ってきた。

まとめてみると「概念女」はあらゆる面で家父長的で前近代的態度が身についているが、経済的な感覚においてだけは現代的で平等を志す女性を指すことばのようだ。したがって「概念女」は男性にとって有利な面をそのまま残し、不都合な面さえ都合よく変えたいという男性の底知れぬ欲望がそのまま表れた政治的な用語である。

いまも一夫多妻制があったらどうだろうか。不幸を小さく、幸運を大きく捉える人間心理が一〇代の男子生徒の虚栄心と重なり、三人くらいはほしいと自信を持って言うだろうと予想した。いいという意見が圧倒的だろうと思ったが、意外な反応を見せた。「何人もの女性と暮らせるのはお金持ちだけです」「僕たちにとっていいことはなさそう」「成功しないといけない。自分とは関係のない話だと思います」。生徒たちはすでに敗北感に染まっていた。

予想とは異なる反応に戸惑い、女性の立場で考えてみたらどうだろうと話を変えた。生徒たちは公平さを強調した。男性は何人もの女性と暮らしてもいいのに、女性はひとりの男性をめぐって争わなければならないのは公平ではないと答えた。そして、一部の男性は一生ひとりで暮らさなければならないのも公平ではないとも。

『未来を花束にして』――現在に生きず、歴史に生きよう

期末テストが終わると時間が余る。授業に身が入らないこの時期を豊かに過ごしたかった。『文学』教科書の冒頭には文学教育の目標を次のように説明している。

文学作品に表れるさまざまな人生の姿や心得を間接的に体験することにより、人間と世界を理解する目を養い、自分の人生を向上させ、ほかの人とともに生きる態度を身につけることとする。

私は男子高校の生徒が、日常生活ではわかりづらい女性の人生を間接的にでも体験し、人間と世界を理解する目が養われることを願った。そして女性とともに生きることに役立たせてほしいと思った。

夏休み直前、婦人参政権運動をあつかった映画『未来を花束にして（*Suffragette*）』を見て感想文を書く授業を行った。民主主義の本場といわれる英国ですら、女性の参政権の歴史は一〇〇年に及ばない。いま考えてみたら、おかしな話だが、当時の英国男性は女性に投票権がないことを当然だと思っていた。映画を見たあとに、ほかの観客がポータルサイト「ネイバー」に残した映画レビューを一緒に見た。コメントを一つひとつ読んでいくうちに、男性観客がどの部分で腹を立て、一点しかつけなかったのかがわかった。彼らは女性が男性と対峙し、何かを要求すること自体を不愉快で嫌だと思う人たちだった。

女性と男性が同等に投票権を持つことは常識のなかの常識である。いまの基準からすれば、婦人参政権に反対する映画のなかの男性たちのほうが非理性的な人物である。「韓男」☆15と二文字に略されて呼ばれることを絶対に許さない一部の「韓国男子」は、ジェンダー平等が完全に達成されただけではなく、いまの時代には、むしろ男性が差別されていると考えている。それなのに、二一世紀にもなって女性たちは相変わらずジェンダー平等を要求しているのだと思っている。両者の違いは何だろうか。いまは正しいが、昔は間違っていたのか。『未来を花束にして』に登場する男たちもいまの「韓国男子」のように考えて

☆15　**韓男《ハンナム》**
韓国男子の略語だが、フェミニストのあいだでは家父長制を信奉し、女性に不必要と思われる説教をし、家事や育児を押しつけ、暴力を振るうといった韓国人男性を非難する場合に用いられる。

いた。

中学生時代、韓国史の時間に「萬積の乱[☆16]」や「亡伊亡所伊の乱[☆17]」について学んだ。身分制度だなんて、信じられない。なんて野蛮な世界なんだと、舌打ちした。ところが、その当時は「萬積」と「亡伊・亡所伊」が特殊であり、ほとんどの奴婢たちは身分制度を疑わなかった。身分制度が撤廃されたあとにも多くの奴婢が、生きるすべがないと主の家から出ていくことを拒んだ。

当代に生きる人は現実を誤解しかねない。いまの常識が未来の野蛮であることを同時代の人びとは知るよしもないだろう。米国に住んでいない我々は人種差別があると考えている。一歩離れて客観的に見ることができ、自分と直接的な利害関係が絡んでいないからである。反面、米国に住んでいる少なくない白人が、いまは黒人やヒスパニックの人びとにとって暮らしやすい時代だと考えている。逆に白人が差別されているという心境はトランプを大統領にした巨大な軸のひとつだった。身近な日本にも、在日韓国人が特権を享受していると信じてやまない人びとの集まりである「在特会」（在日特権を許さない市民の会）がある。

あまりにも近くにいて見えないもの、性差別とはそういうものではないだろ

☆16　**萬積《マンジョク》の乱**
一一九八年、奴婢である萬積が中心となり、身分解放を訴え、主人らを殺害する計画を企て、一斉蜂起した。

☆17　**亡伊《マンイ》亡所伊《マンソイ》の乱**
一一七六年、亡伊と亡所伊の兄弟が農民や所民（「所」に暮らす職人）とともに、重い課税に反対し蜂起した。

うか。私は生徒たちが『未来を花束にして』を見て、自分の人生を客観化し、我々が生きるいまの時代を歴史の流れのなかで見てほしいと願った。だから、「最後の光復軍」金俊燁[☆18]先生が残したことばを黒板に書くことでその日の授業を終えた。

「現実に生きず、歴史に生きろ」

〔人間〕−〔男性〕−〔成熟〕が「少女」だとは

『読書と文法』教科書には「単語の理解と使用」という章がある。「意味資質」という概念を学ぶが、その章の探究活動では、単語の意味を構成する最小成分を見つけるように求め、おかしな例を挙げていた。「少年」は〔人間〕+(プラス)〔男性〕−(マイナス)〔成熟〕の意味資質で構成された単語で、「少女」は〔人間〕−〔男性〕−〔成熟〕の意味資質で構成された単語だと説明していた。後ろのページでは「独身男性」を〔人間〕+〔男性〕−〔結婚〕と、「独身女性」を〔人間〕−〔男性〕−〔結婚〕と説明していた。

あるクラスでは「これは性差別ではないですか」と先に指摘してくれる生徒

☆18 **金俊燁《キムジュニョプ》**
一九二〇～二〇一一。独立運動家、教育者。日帝時代、学徒兵を抜け出し、重慶の大韓民国臨時政府で独立運動に加わり、光復軍として活躍した。日本から独立したあとは高麗大学の総長を務め、軍事政権に抗議し、学問の自由と自立を主張した。光復軍のなかで最後まで生き延びたひとりであったため、「最後の光復軍」と呼ばれる。

たちがいて、内容を解説することが楽になった。ふだんからあまり反応のないクラスでは差別的だと思わないかと先に聞いてみたが、差別だという生徒も、先生が敏感すぎるという生徒もいた。

男性を人間の基準値として想定した例は数えきれないほど多い。ホームページの会員になるときや個人情報が入る文書を作成するときにも、左側に男性、右側に女性の記入欄がある。ニュースの司会者の席も左側に男性が、右側に女性が座る。男性の住民登録番号の下七桁は一と三からスタートし、女性は二と四からスタートする。私が中学生のときのクラスでも、男子生徒は一番から番号がつけられ、女子生徒は三一番から番号がつけられた。漢字には男と女を意味する「男」と「女」があるが、子どもを意味する「子」は、もともとは息子の意味である。「子」の入ることばに子弟や子孫などがあり、これらは女子を含むが、本来は男子に使用してきたものだ。敬語がそれほど発達せず韓国語より平等に見える英語でさえ man-woman／male-female／god-goddess／hero-heroine のように女性を派生的にあつかっている。こういうことが数十、数百重なると、男性が女性より重要だという間違った認識、男性が基準だという偏見が生まれ、強化される恐れがある。

『読書と文法』では、ほかにも韓国語に表れる合成語形成の過程の特徴として、より重要なもの、より肯定的なものが先に置かれることを説明し、善悪、強弱、大小などをその例に挙げている。だからだろうか。男性と女性が合成語になる場合には、男性が先に来るのが一般的である。順序を変えると不自然に聞こえる。父母、子女、夫婦、息子娘、新郎新婦、舅姑、老若男女、紳士淑女、善男善女、一男二女などがそうである。もちろん、つねに男性が先に来るわけではない。罵ったり、見下したり、侮蔑したり、人間ではなかったり、性的な意味合いが含まれている場合は、女性が先に来る。ニョンノム（クソアマ・クソヤロウ）、母父《エミエビ》（おふくろ・おやじ）、婢僕、雌雄、処女總角《チョニョチョンガク》（未婚女性・未婚男性）がそうである。

　重要度や肯定性／否定性を究明する行為は価値中立的ではない。我々は「南北関係」と呼んでいるが、北朝鮮では「北南関係」と呼んでいる。「延高戦」なのか「高延戦」なのかをめぐり、延世《ヨンセ》大学と高麗《コリョ》大学は数十年間、ああだこうだ言い争っている。

『読書と文法』教科書は、韓国が男性中心的社会であることを、そして男性が女性より重要でより肯定的な存在として評価されていることを証明している。

難癖をつけているわけではない。職場内の性差別やセクハラ処罰の根拠となる法律ですら「女男雇用平等法」ではなく「男女雇用平等法」と名づけられている。

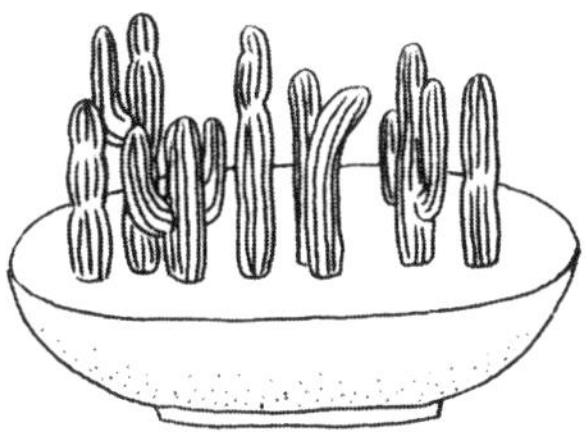

5章　ヘイトと戦う方法

男ばかりの集団で発言すべき理由

フェミニズムは女性の人権運動である。当事者である女性が主体になることが望ましい。男性フェミニストは自分の立場を協力者（ally）として位置づけ、女性がやりづらい役割を補助的に遂行するのが効果的である。男性が前面に出ることは、名分も実利もなく、女性たちの集団に向かって声を上げることもチアリーディング以上の意味はない。フェミニズムの腕章をつけ、女性に近づいて威圧的な態度を取ったり説教をしたりしなければ幸いである。男性フェミニストとして機能したいなら、日常の最前線に立ち、男と対話しよう。自分の価値はそこで輝く。

もどかしいことだが、男は男の言うことをよく聞く。中年男性たちが食堂の男性従業員を「社長」、女性従業員を「おばさん」と呼び、電話に出た女性にいきなり責任者に代われと怒鳴ることからもわかるように、男は無意識に、男をより信頼し、男のほうがより価値のある仕事をしていると考えている。恥ずかしながら、私もその恩恵を受けている。私の口は、男の体についているので、より多くの耳から選ばれる。私の文章も男の手から出てきたおかげでより多く読まれる。私が女だったら？　この程度の経歴と筆力で本を出すなどできなかったはずだ。私はどんなに騒いでも「キムチ女」という烙印を押されなかった。むしろ、「あいつ、なんであんなこと言うの」という好奇心を引き出した。好奇心こそ、みずから学ぶ力の源泉ではないだろうか。気になるということは、相手の話を聞く用意ができているということなのだから。

一九八〇～一九九〇年代生まれの女性たちがフェミニズム・リブートをけん引している。「二人でも多い、一人だけ生んで元気に育てよう」「立派に育てた娘が一人いれば、一〇人の息子もうらやましくない」という国家的家族計画のスローガンとともに生まれ、家庭内では息子以上に可愛がられ、学校でも息子たちより抜きん出た世代だ。何にでもなれ、どんなこともできるから、自由に夢見ろと教えられた。ところがどっこい、社会に出てみたら、女性が出すお茶、女性が注ぐお酒を求められる。彼女たちは、女だから、学ぶことができず、経済力がなく、夫に依存し、それで主体的に生きられなかった自分の母親のように生きるつもりはない。非婚を宣言し、出産を否定する。パブリック・スペースに飛び込み、声を上げる。江南駅殺人事件は触媒に過ぎなかった。抵抗の気運はずっと前から高まっていた。生意気な女性たちがいざこざを起こしているのではなく、変化していく世の中に男性が適応できないことが問題なのである。

結局、男性が変わらなければいけない。セクシュアリティに人生をかけた人びとは、つらい戦いの末、多数の異性愛者の同意を得て同性婚を合法化した。黒人の公民権運動も既得権を持つ白人の心を動かすことで成就させることができた。善意で譲ってもらうか、力ずくで屈服させるか、世論を利用して圧迫するか。いずれにせよ、マイノリティの非既得権集団における運動は、多数の既得権者が心を入れ替えないと成就しない。

日常生活で出会う男性の説得を試みる。楽ではない。三〇歳くらいになると、価値観は簡単には変えられない。脳が軟らかいうちにすべきである。一〇代は成人に比べ共感力が優れており、偏見が少なく、正義感が強い。成長可能性が高く、改善の余地がある。教師が新しい視点とさまざまな声を紹介するだけで生徒みずからが会得し、自分の道を開いていける。私は私の教える男子生徒たちが心温かく成熟した人間に育ってほしい。せめても「コンデ」や「ケジョシ」[☆1]などと呼ばれることがないよう願っている。

平等へと向かう人類の進歩は止まらない。それが来るべき社会なら、両手を

☆1　ケジョシ
犬（ケ）とおじさん（アジョシ）を合わせた造語。自分の地位を武器に、時代錯誤的なセクハラ発言を連発する、権威主義的で恥を知らない中年男性をいう。

上げ、歓迎しよう。投票権のために、競馬場に飛び込んだエミリー・デイヴィソン[*1]のように必要のない犠牲を払わないようにしよう。社会が変わるには自分自身が変わらなければならない。平等な社会になるためには、より多くを持っているほうが不便でなければならない。韓国社会で男は既得権者である。不便なこともありのまま受け入れ、いま握っているものを少しでもいいから手放そう。男が変われば変わるほど新しい日は早くやってくる。

間違って定めた的、そしてヘイトがつくりだした左右の統合

現在の若い男性はＩＭＦ危機（一九九七年）前後に生まれ、低成長―格差社会のなかでずっと暮らしてきた。新自由主義の影響をもろに受けて、早くから競争を内面化してきた。不透明な未来への不安や至るところに潜んでいる危険のせいで、実用主義者が量産された。青少年期にイルベ文化に触れ、ヘイトコードに占領されたチャットやコメントにまみれて遊んだ。「コアラ[☆2]」「スンサンニム[☆3]」のようなイルベ用語に慣れ親しんでおり、全羅道を見下し、金大中・盧武鉉元大統領をあざ笑うことは、同年代社会におけるじゃれあいごっこだっ

＊1　Emily Wilding Davison（一八七二〜一九一三）。英国の女性参政権のために戦ったパイオニア的存在。女性の参政権を求め、一九一三年六月四日競走馬に飛び込んで重傷を負い、四日後に死亡した。彼女のコートには「Votes For Women」と書かれていた。英国政府は、それから五年後、一九一八年に三〇歳以上の女性に投票権を、一九二八年に二一歳以上の女性に投票権を付与した。

☆2　コアラ
イルベのような保守サイトのユーザー間で使われている故盧武鉉《ノムヒョン》元大統領の蔑称。

☆3　スンサンニム
コアラと同じく、イルベなどで使われている故金大中《キムデジュン》元大統領の蔑称。

た。一〇年前より一〇年は早まった。二七歳で始めていた就職の心配を一七歳で始め、一七歳で始めていた大学進学の心配を七歳で始めている。受験競争に一緒に飛び込んだ母親を監視者、処罰者、統制者として認識している。母親の悪口を思う存分に言いながら育った。

ほとんどが男女共学中学校・高等学校に通った。成績は女子生徒のほうが上だった。メディアは「アルファガール」[☆4]旋風を追い、男子生徒が女子生徒に「やられている」と書いた。ゲームに没頭する年齢でシャットダウン制[*2]が施行されたため、女性家族部は解体すべきだという原始的な使命感が芽生えた。IT強国に生まれたせいで、小さいころからポルノに接してきた。女性を性的に見る目を養うよりハングル習得のほうが早かったなら、まだよいほうだ。保育園から高校までずっと女性教師に学んできた。女性が上級者や権威者の役割を担っていることが珍しくない。成長の過程を通して、目にしてきた世界に社会的弱者としての女性はいなかった。弟を勉強させるために姉が工場で働いたという物語は、身分制度と同じくらい馴染みが薄く、朝鮮時代のように遠い昔の話だ。

二〇代の保守性は、理念や志向というよりは生存戦略に近い。失うものがな

☆4　アルファガール
エリート集団の女性を称することば。ハーバード大学で児童心理学を教えるダン・キンドロンの『アルファガールズ』で、はじめて登場した概念。米国やカナダの一〇代の少女の約二割が勉強、スポーツ、交友関係、将来へのビジョン、リーダーシップなどあらゆる面において少年より優れていることをアンケートや取材で明らかにした。

*2　一六歳未満の青少年を対象に深夜の時間帯のネットゲームを制限する制度。夜一二時になると接続が遮断されることから、「シンデレラ法」とも呼ばれている。女性家族部が主となり、推進してきた。

ければ、革新的思考にたどり着きそうだが、現実がほんの少しでも変わったら生存自体が危うくなるため、逆説的に変化を否定する。いま通っている会社がどんなに嫌でも、翌月の生活が保障されなければ、離職を夢見ることができないのと同じ原理である。低所得層であればあるほど、現体制を肯定する比率が高く、制度の保護を受けづらい人であればあるほど、制度にあこがれるのもそのような理由からである。

若い男性には、社会が正常な範囲だと認める「一人前」になれないかもしれないという不安がある。父親よりずっと一生懸命に生きてきたのに、父親ほどお金を稼ぐこともできず、女性に出会うこともできない。想像を絶する就職難をくぐりぬけ、やっと手に入れた仕事は低賃金に長時間労働を必要とする。父親も若いころは、腹を空かせていたと言うが、そのときは、今日より明日はよくなるだろうという社会への信頼があった。その信頼が失われたいまは、あえて苦労をする名分がないのである。

彼らには、がんばっても変わらない現実を説明するためのことばが必要だ。「まわりに優秀な女性が多すぎる」「お父さんの時代はいまとは違う」などがそれに当たる。男性と女性でどちらがより経済的弱者かを示す指標（経済活動参加率、雇用安定性、性別間賃金格差、平均勤続年数、性別職位分布）があるが、そのどれも彼らが実感する現実とかけ離れていて、信用ならない。目に見えない社会構造の代わりに目の前にいる女性に怒りをぶちまける。「女はきれいなだけで超難関国家資格三冠王レベル？」「男はこんなに苦労しているのに、女は美貌だけで十分？」集約された憤怒が「キムチ女」に集結する。

「キムチ女」に対する態度は両義的である。渇望すると同時に嫌悪する。分裂した心理の基底には競争社会で淘汰されることに対する恐怖がある。男性が資源を独占した社会で、女性の競争力は、顔や体形から生まれる。メディアもこぞって、男は能力、女は外見と煽る。想像上の「キムチ女」に醜い女性はいない。知っているから悩ましい。「男の骨の髄まで絞りとる女」と罵りながらも、美女と付き合っている男がただただうらやましい。叶わぬ欲望なら、こきおろしたほうがまだましだ。自分の手の届かないぶどうの味がすっぱいように、自分と付き合ってくれない「キムチ女」は安っぽい。彼らには現実を正しく見分ける能力が必要だ。連帯の経験や小さな勝利の歴史を積み重ねていかなくてはならない。父親のように生きられないのは時代と階級の問題である。いまは、間違った的を狙っているのだ。

☆5 『毎日新聞』
一九四六年に創刊された大邱《テグ》広域市および慶尚北道《キョンサンブク》を代表する地方紙。発行部数は約一五万五〇〇〇部で、地方紙では、『釜山日報』に次いで二番目。

☆6 「私もメガリアンだ」
陳重権は、「女性たちがなぜ怒っているのかを知るべき」だとし、「より大きな問題は自分はイルベとは違うと固く信じている男性たちが日常で絶えずやらかしてしまう性差別的な言動だ」と主張した。このコラムで自分自身をフェミニストと位置づけ、なかでも女性の権利を主張するサイト「メガリア」利用者を指す「メガリアン」ということばで自分の立場を表明した。

「今日《オヌレ》のユーモア」（以下、オユ）とイルベは、それぞれリベラルと保守を代表するネットコミュニティである。双方は社会的懸案をめぐって事あるごとに対立してきた。二〇一六年七月、リベラルな論客である陳重権《チンジュンゴン》は『毎日新聞』[☆5]に「私もメガリアンだ」[☆6]というコラムを書き、フェミニストを攻撃する韓国男性の卑劣さを批判した。つづいて多くのリベラルな知識人が韓国社会の根深い女性嫌悪を指摘した。オユは「信じていた陳重権がこう出るとは想像もしなかった」とし、「#私もイルベだ」というハッシュタグで彼に反撃した。オユとイルベの連帯は反フェミニズム戦線において、はじめて達成された。お互いのサイトを閲覧し、あいさつを交わした彼らは、自分たちの連帯を国共合作に喩えるという驚くほど過剰な自意識をひけらかした。

翌年、俳優ユ・アインの「ズッキーニ事件」[*3]でオユとイルベはふたたび団結した。リベラルな社会的発言でこれまでイルベの標的となってきた彼は、数人のフェミニストとツイッターで口論を繰り広げたあと、イルベのアイドルとして浮上した。驚くなかれ。どんな政治家にも達成できなかった左右の統合、理念の葛藤の縫合をフェミニズムが成し遂げたのだ。

*3　二〇一七年一一月、あるネットユーザーが自分のツイッターで、ユ・アインに対して「二〇メートルくらい離れて見るのがちょうどいい人。友達には無理。冷蔵庫にズッキーニがひとつぽつんと入っているのを見て、「独りって、何だろう」と言いながら、鼻にしわを寄せそう」と書き込んだ。これに対し、ユは「ズッキーニで叩かれたい？（鼻にしわを寄せつつ）」とコメントした。これによって「暴力的」「韓男」という批判が殺到すると、不特定多数のネットユーザーと一〇日間にわたる論争を繰り広げた。自分に対する批判を「メガル的な手口」と総称し、「本物のフェミニズム」と「偽物のフェミニズム」を区分しようとしたため、論争がさらに拡大した。

差別の歴史的淵源

荒っぽく答えてみよう。人種差別はどうして生まれたか。地理的優位性を活かし白人社会が形成され、その後、経済力や軍事力を手に入れ、黒人社会を圧倒したからである。同性愛者はどうして攻撃されたか。頭数がすなわち国力だった時代に、人口の再生産機能を遂行できないと判定されたからだ。左派はどうして弾圧されたか。朝鮮戦争のトラウマや朴正熙《パクチョンヒ》の南労党☆7へのコンプレックスからである。理由や歴史のない差別はない。肉体労働に対する蔑視の根幹には性理学☆8的な士農工商の文化があり、全羅道差別の背景には地域感情で激しい対立を繰り返した韓国の現代史があった。差別を受けたすべての人びとは社会の主流ではなかった。少数であったり、力がなかったり、お金がなかったりした。ことば遊びのように聞こえるが、彼らは弱者だから、弱者にされたのだ。

　旧石器時代の人類は狩猟と採集に依存して生きていた。安定的な栄養供給が難しかった。不確実性を減らすために、ひとりだけが食料を得てもみんなで少

☆7　**南労党**
南朝鮮労働党。一九四六年にソウルで結成された共産主義政党。

☆8　**性理学**
朝鮮時代に発達した儒学の一派。朱子学ともいう。万物は気によって構成され、差別性や等級性を持つとする学説。家父長制を定着させ、身分制度を維持する精神的基盤となった。なお、ここでの「士」は、武士だけでなく官僚を含む。

しずつ分け合って食べられるように共同生活を営んだ。新しく生まれてくる子の父親が誰かははっきりしなくても、母親が誰かははっきりしていたので、共同体は母系を中心に取りしきられた。男性が担っている狩猟は、女性が担っている採集より、無駄骨折りで終わる日が多かった。再生産力と経済力すべてにおいて女性のほうが優位だった。約七〇万年間、人類の中心は女性だった。

一万年前に起きた新石器革命が歴史を転覆させた。農耕と牧畜の生産性は身体条件に左右された。男性は肉体労働に卓越した素質を見せ、それにより、地位も上がった。共同住居や集団生活は解体され、共同体は家族単位に再編成された。定住生活で生まれた剰余生産物をめぐり、覇権争いが起きた。権力や序列、階級や秩序が生まれた。氏族社会から部族社会へ、部族国家から王政国家に移行し、武力が重要となった。男性の戦闘力は女性を圧倒した。男性の資源独占が加速化した。

産業革命が起こった。職場は農場から工場へと変わった。その昔、狩猟をしていたころのように男性は職場に出向いたが、一方で大きな変化があった。今度は女性も一緒だった。機械操作は農業のように強い力を必要としなかった。産業社会が高度化に向かうほど、肉体的能力が占める割合は徐々に減少していった。知的能力が付加価値生産の主要要件として位置づけられると、歴史がふたたびひっくり返った。女性は能力に見合う待遇を要求し、男性に奪われていた権力を一つ、二つ取り戻しはじめた。

去る一万年は、生産力や略奪に命運がかかっていた時代だった。女として生まれた瞬間、社会とのあいだに不和が生じる運命を背負わされた。食事を作り、子どもを生み、家族の面倒を見るといった副次的役割が与えられた。財産権や参政権は男性にだけ保障された。逆差別の代表的な事例として、今日よく話題にされる兵役の義務も、過去には男性だけが享受できる特権であった。女性は男性の私有財産であり、国防のように神聖で気高く、たいへんな仕事を任せるには、ちっぽけな存在だとされた。

フランス革命は近代市民の偉大なる跳躍であったが、その恩恵は人類の半分をすり抜けた。自由、平等、博愛のような格調高き旗幟《きし》は、女性にはかすりもしなかった。「女性は断頭台に上る権利を持つ。したがって、演壇に上る権利も持たなければならない」と意気込んだオランプ・ド・グージュ[*4]は演壇に立つことなく、断頭台の露と消えた。一二一五年、英国のジョン王はマグナ・カルタ[*5]を承認した。モンゴルが高麗を侵略するよりも前に、立憲主義を定着させた

＊4　Olympe de Gouges（一七四八～一七九三）。一八世紀末に活動していたフランスの市民運動家であり、フェミニストで、一七九三年一一月三日にパリ革命広場の死刑台で処刑された。「死刑台に立った最初の女性であるマリー・アントワネットが旧体制の象徴だとすれば、二人目の女性グージュは革命が到達すべき新体制の象徴だった」（チェ・ユンピル）。彼女はフランス革命当時、女性にも参政権を付与すべきとの革新的主張を繰り広げた。

＊5　国王にできることとできないことを明記した文書。国王の絶対的権力をはじめて制限したことから、英国民主主義の始発点とする見解もあるが、当初は、この文書の作成を主導した貴族の権利を強化する封建的文書に過ぎなかった。

英国は民主主義の本家本元と呼ばれる。そういう国ですら、女性の参政権が保障されるようになったのは、わずか一〇〇年前のことである。

女子生徒のせいでたいへんだと、息子を持つ親がこぼす。内申書のために、男子中、男子高に通わせたいという家庭も少なくない。小中高、どこを見ても女子生徒の学習能力は男子生徒より高い。各種テストで女子生徒がトップに躍り出たのは、かなり以前からのことであり、定員の一〇％しか女子学生を受け入れない陸軍士官学校でさえ、首席で入学し、首席で卒業するのは女子学生であったりする。これを根拠に男女の地位逆転を主張する者が現れ、採用や昇進の際、女性クォータ制ではなく、男性クォータ制を導入すべきだと主張する者も出てきた。「女性が男性より成績のいい社会は女性優位社会である」との主張は妥当か。現実は正反対である。学校で優れた力量を発揮した女性たちが、社会に出てその力をいっさい発揮できないというのなら、それは社会が女性に不利なほうに傾いているという証拠である。

男子高校でフェミニズムを伝えます

「いまがいちばんいいときだ」ということばに青少年たちは同意しない。窮屈な制服を着て、重い鞄を背負い、トコトコ歩くだけの日々のどこがいいのだろう。未成年だという理由で、できないことがどんなに多いことか。まだ子どもだからと言われ、無視されたことも一度や二度じゃない。同じことをしても一〇代がやると非行と呼ばれる。ただいるだけでいろいろ言われる人生が、どんなにつらくて悲しいものか大人はわかっていない。社会的弱者は特別な人ではない。できることよりできないことが多かったら、いまの自分の境遇が将来の自分の人生をも縛りつけたら、それが社会的弱者である。そうした面から見れば、「子どものくせに、ああだこうだ」「女のくせに、ああだこうだ」は妙に似ている。抑圧された者は抑圧される者の気持ちを理解できる。一〇代男子のフェミニズム内在化の速度が成人男性より早い、もうひとつの理由である。

生徒たちによくこう言う。君たちは、男性であることに過度なアイデンティティを与えている。「江陵の人は変」「明倫《ミョンニュン》の生徒はおかしい」「校洞《キョドン》の住民は変わっている」と言われても平然としているのに、「男は変」と言われて怒りが込み上げてくるのだとしたら、それは自分が男であるという事実に、大きな意味を与えているからであり、身近にいる女性が男性から受けた被害を話すとき、その被害者に共感するより、男がみんなそうではないとカッとなる理由もすべてそこにある。すぐ目の前にいる人の立場に共感するのではなく、見知らぬ男に感情移入できるのは、自分のなかの男性性に執着しているという証拠である。それをまず手放さなければならない。そうしてはじめて客観的にみることができる。

ある人は、学校での私の姿を「プロのクレーマー」だと想像する。強い信念で武装し、フェミニズム伝播の意志を燃やし、学校のあちこちで闘争している姿を想像する。ぜんぜんそうではない。私はとても注意深く、きわめて丁寧に、そっと近づき、話しかける。恋をしていたとき、妻の手を握りたくてやきもきしていたころのように、男子生徒にフェミニズムの話を切り出すタイミングをつかむために、注意を傾ける。国語教師である私が「みなさん、今日は性別間賃金格差について調べてみましょう」と何の根拠もなく話題を振ることは絶対にない。

フェミニズム教育には、ほとんどの場合、授業の内容を通して接近する。教科書のテキストが手伝ってくれてこそ、可能なことである。最近、フェミニズムの話をした授業は「PCでない表現をPCに変えて使おう」[*6]というグループワークだった。障がい、疾病、性別、職業、人種などの領域で差別的に使われている表現を新しく作り変えようという授業を行った。その日、生徒たちは「処女作→初出作」「外家[☆9]→母家《モガ》」「信用不良者→低信用者」「非行青少年→異行青少年」などの単語を作り、発表した。この活動は『読書と文法』教科書「単語の形成」の章に、「差別表現の修正」という学習活動があったから可能だったことだ。

それ以降の章では、時制、受け身、使役、中世国語などを学ぶが、このような内容では授業と連携してできることがあまりない。伝えたい話、見せたい映像も多く、読んでもらいたい記事もたっぷりためておいたが、脈絡がないから、じっと耐えて待つしかない。適当に投げかけるのはよくない。生徒たちに嫌がられる。私が中心ではなく、生徒たちが中心にならないと効果が望めない。それまでは資料の準備に力を注ぐ期間である。最近、作家のソン・アラムさんがプレゼン番組『世界を変える時間一五分間』に出演し、逆差別を男性の支払う

＊6　PCは「Political Correctness」の略で、「政治的な正しさ」「道義的公正性」くらいに解釈できる。差別や偏見を背景にした言語の使用を自粛し、これを中立的なほかの表現に替えようとする努力をPC運動と呼ぶ。

☆9　**外家《ウェガ》**
一般的に母親の実家を外家、父親の実家を親家《チンガ》と呼ぶ。

べきコストに置きかえた映像が非常に印象深かった。生徒たちにぜひ見せたくて、授業資料のサーバーにためておいた。脈絡、お前、早く出てこい。いつでも出動してあげるから。

私は生徒たちとよく世間話をする。生徒たちも気楽に授業を受けているのか、冗談を言ったりする。若い教師だから享受できた特権である。気高きフロイト先生は、人間の本心は失言に現れると喝破なさった。何も考えずに投げかけたことばに本音が現れる。一生懸命に耳を傾け、引っ掛かったと思ったら、すぐに反応する。先日も勝負があった。

最近とあるクラスでは、友達をその母親の名前で呼ぶことが流行っている。私のことを「スンボム」と言わず、私の母である「ウニ」と呼ぶのである。すぐに割って入り、「そこの○○くん、いまお母さんのお名前で友達を呼んだよね。どうしてだい?」と言うと教室が静まり返った。先生にどう指導されるかは予想できなくても、友達のお母さんの名前を呼び捨てにするのが正しい行いではないことは生徒たちも知っていた。

教室に冷気が漂うと、生徒たちの集中力が最高潮に達する。私の一言一言に細胞レベルで反応する。私は生徒みんなに質問した。友達をお父さんの名前では呼ばないのに、なぜお母さんの名前で呼ぶのか、どんなことでもいいから率直に答えてほしいと伝えた。ひとりの生徒が答えた。「父の名前で呼ばれるのは別にいいけど、母の名前で呼ばれるのは不愉快です」。お母さんの名前で呼ばれるのはなぜ不愉快かとまた尋ねた。「母は私にとって大切な人だからです」「母は、私のために犠牲を払っています」「父のことはなんと言われてもいいですが、母のことには絶対に触れてはダメです。ただそうなんです」

私の話を始めた。「そうですね。先生の家族を見ても母のほうが父より多くの犠牲を払っています。私も母がかわいそうだと思います。母親として生きるのは、たいへんなことです。みんなもそう思いますよね」。すると、生徒たちの顔が思ったよりもずっと深刻になる。それぞれ自分の母親の顔を思い浮かべているのだろう。母はどうしてあんなにつらい生活に耐えているのだろう。母はなぜ私に無条件に優しいのだろう。本音では、そこから始めて、女性の人生を眺望《ちょうぼう》するまで駆け抜けたかったがそうはしなかった。急に詰め込んだら、胃腸炎を起こすから。これからじっくり生徒たちとお母さんの話をしてみようと思う。男をフェミニストにする最初の地点は、母親の人生に対し、自責の念を抱くことにあると信じてやまないから。ただし、それが妻を搾取する方向に向かわなければ、だが。

生徒たちの非難に対処する方法

今年の夏だった。昼休みに学校の図書館を訪れた。本をいろいろめくっていたとき、向かいの書庫から一年生の会話が聞こえてきた。新刊入庫の知らせを聞いて、見に来ていた生徒たちだった。その月にも私が申し込んだフェミニズム図書が新刊コーナーにずらりと並んでいた。

「うちの学校の図書館ってなんでこんな本ばかりなんだ？」

「二年生を教えている背の高い国語の先生が申し込んでいるんだって」

「うちの兄さんが言ってたけど、あの先生、メガルだって」

「セウォル号のバッジをくれた先生だろ。いい人みたいだったけど」

「なら、なんか理由があるんだよ」

「ふつうの人は正しい人間の話は聞かない。いい人の話なら聞くけど」。

チェ・ギュソクのウェブ・コミック『錐』に出てくるセリフである。生徒たちも同様だ。賢い先生の話は聞かない。いい先生の話なら聞く。生徒たちにフェミニズムを教えたかったら？　該博な知識や膨大な事例で武装するのも重要だが、その前にいい先生になるのが先だ。そうでなければ、生徒たちの心を開くことはできない。いい先生になるのは、思うほど難しいことではない。生徒を上から目線で見なければいい。同僚の教師に接するように生徒に接すればいい。それほど難しいことでもないのに、つまらないプライドが邪魔をする。

教師が生徒の主張を尊重し、生徒の意見に従うのを、「子どもたちに振り回されている」と思う人がいる。古臭いシステム、硬直した学校文化、前例にしばられている教師がそうである。勘違いもはなはだしい。ここはジャングルではなく、生徒は猛獣ではない。生徒は押さえつけたり、抑圧したりすべき対象ではない。知識や経験には上下があるかもしれないが、人格や人権には上下がない。意見を尊重し、礼を尽くし、見下した発言をせず、声に耳を傾ければ、いい先生になれる。管理者、監視者、懲罰者の態度を入れ替えれば、生徒たちと親しい関係になれる。隔たりをなくし、理解することが先だ。親しい人、親密なメッセンジャーから受け取ったメッセージは、たとえ気に入らない内容を含んでいても簡単に攻撃されたりしない。

ムスッとした態度で不平を言う生徒がいないわけではない。今年の教員評価でも「女性の味方をしすぎていて、ときどき嫌になる」という書き込みがあった。口惜しくもあるが、そう思うのも仕方がないと受け止める。彼らはジェンダー権力をまともに味わったことがない。経済的権力は持たず、年齢のせいで馬鹿にされた記憶のほうがずっと多い。彼らの苦労を理解し、共感しようと努める。成人―未成年の関係では私が権力者であることを率直に認め、時には私が教師として生徒の人権を抑圧する側に属している事実について申し訳ないと気持ちを伝えることもある。

しかし、男性―女性の関係においては、我々男側が文化的・社会的ジェンダー権力を享受していることを教えるようにしている。真夜中の帰宅も怖くないこと、隠し撮りの恐怖を感じずに暮らしていること、不愉快なことばや身体的接触で嫌な思いをしていないこと、服装をいちいちチェックされずに済むこと、それだけで生活のしやすさや気楽さがぐんと増すということを説明する。どの学校にも女性教師が多いが、校長や教頭はほとんど男性だというのはおかしくないかと尋ねる。男性教師にはとうてい言えそうにないことばを口にしたり、できそうにない行動を、女性教師に向かって実行したりできるのは、性差別であり、ジェンダー権力の発現だということも伝えている。我々は潔白だとしても、男性が加害者側となり女性を苦しめることがよくあるということ、女性の立場では顔だけを見て誰が加害者なのかわからないから、すべての男性を警戒するようになるのは仕方がないということ、だから自分も同じ男だと責められても、女性に向かってではなく「そういう男たち」に向かって怒ろう、それが倫理的で正義なのだということ。そういう話を何度でも伝えようと思う。

いますぐには受け入れがたくても、成長して社会に出たあと、一度くらい私が話したこと、私が見せた映像を思い出すときが来ると信じたい。私の授業が効果を発揮する瞬間が、いますぐではなくても構わない。一つひとつ意識の底に積み上げられたものが、いつか硬い殻を破って出てくるのだろう。一クラスで一人だけでも考えが変われば、十分にやりがいが感じられ、価値あるものとなる。生徒たちがいつか私と似た話をする人に出会ったら、「昔の国語の先生もそういう話をしていた」と思い出してくれたら、うれしい。正反対の意見を聞いたとき、「それ、うちの先生はそういうふうに言わなかったけど」と一瞬立ち止まってくれたら、どんなにいいだろう。

同志とはどのように結集するか

フェミニストの資質をすくすく育てている教師たちがときどきいる。匂いを察知したら、まずは本をプレゼントするところから始める。最近は『82年生まれ、キム・ジヨン』、『敏感でも大丈夫』[☆10]、『あなたがずっと居心地悪ければいいと思います』[☆11]、『戦うたび透明になる』[☆12]などを同僚の教師たちにプレゼントした。ときどき、映画も薦める。夏休みの直前には『未来を花束にして』が面白いと、あちこちにメッセージを飛ばした。三月八日「国際女性デー」には学校にいるすべての女性教師にバラのかたちをしたチョコレートをプレゼントした。チョコの裏には、「国際女性デー」を紹介する短い文章を添えた。同僚の教師と共有しているカカオトークのグループを使って教育的に役に立ちそうな映像や熟考すべき記事を共有することもある。

現在、私のレーダー網には男性教師が二人いる。いつも私のターゲットは男性である。彼らは、私のレーダー網に自分たちが入っているとは気づいていない。「二〇一九年読書グループ結成」をひとりだけの目標として、懸命に動い

☆10　『敏感でも大丈夫』
⇩読書案内15

☆11　『あなたがずっと居心地悪ければいいと思います』
⇩読書案内10

☆12　『戦うたび透明になる』ウニュ著、西海文集《ソヘムンジプ》、二〇一六年（未邦訳）。

ている。二人とも人権に対する意識が鋭く、生徒を尊重する教師である。生徒を尊重する教師は、弱者の声に耳を傾ける用意ができている人である。ほかの差別に敏感な人は、性差別もすぐに認識し、女性の苦痛に苦労せずとも共感できる。このような人はフェミニズムの言語を過不足なく受け入れる可能性が高い。

生徒のなかにも見込みがありそうな子がいる。最近クラスで誰が苦しんでいるか、誰が寂しい思いをしているか、見抜いている生徒がいる。その子は、困っている人を見たら、見て見ぬふりができない。街角でおばあさんがミカンを売っていたら、必ずそのミカンを買ってくる。バス停で物乞いをしている人を見かけたら、小銭数枚でも必ず渡す。他人に寛大で愛情深い生徒はフェミニズムもどんどん吸収する。レベッカ・ソルニットは、自身の本『わたしたちが沈黙させられるいくつかの問い』[☆13]で、黒人男性のほうが、白人男性よりフェミニズムをよく理解していると語った。経験に勝るものはなしといわれるように、差別を受けた側のほうがより深い理解を見せる。性的マイノリティとフェミニストが連帯すること、フェミニストのなかにビーガンが多いことも自然に思える。

☆13 『わたしたちが沈黙させられるいくつかの問い』レベッカ・ソルニット著、ハーン小路恭子訳、左右社、二〇二一年。

学校の外では青年たちと読書会を開いている。毎月一冊、年間一二冊を一緒に読む。一二冊のなかで二冊がフェミニズム関連本である。毎月、本を決めるのはとても難しい作業だが、みんながあれこれ迷っているときに、タイミングを逃さず、素早く推薦したりする。二〇一七年の今年の本の投票では作家ウニュさんの『戦うたび透明になる』が一位となった。「仕事、恋愛、結婚、役割にしょっちゅうムカッとする女の話」と紹介されている本である。この本を読んでいた四週間、多くの人が涙を拭い、考え方を変え、闘士として生まれ変わった。

二〇一七年八月からは、江陵地域で平和の少女像を守る「平和灯台」活動をしている。毎週、水曜日に写真を撮り、月に一度水曜集会を開いている。国家暴力や戦争犯罪、家父長制や女性の人権について考えるためのすばらしいきっかけになっている。ほかの市民運動に比べ、大衆的で敷居が高くなく、新しい出会いも多い。より多くの同志と結集したい。我々はつながるほど、強くなるのだ。

有利な側より有意義な側に立つこと

私は男性である。家父長制が維持され、世の中が変わらないかぎり、私にとっては有利かもしれない。お金を一銭も稼いで来なくても、「嫁」を殴らなければ、そこそこいい夫として通用していた祖父の時代のほうが、男としてより暮らしやすかったのかもしれない。好きなだけ女性の体をチラ見し、外見を評価し、汚いことばを吐いても、誰からも何も言われなかった父の時代のほうがいまより自由だったのかもしれない。大昔の話ではない。女性職員のお尻に触ることで、一日の日課を始めていたのが、せいぜい三〇年くらい前の職場文化だった。

いまちょうど生徒たちと進路相談、成績相談をしている。それぞれ自分の個性を活かしたさまざまな将来を夢見ている。三〇人に満たないうちのクラスの生徒たちが将来に希望する職業は軍人、警察官、消防士から看護師、調理師、美容師まで多彩である。女子高校にいたころを思い返してみると、男子生徒が希望する進路のほうが、女子生徒より幅が広い。「女の仕事として〇〇以上のものはない」とはよく言われるが、「男の仕事として〇〇以上のものはない」とはあまり言われないように、実際に男子生徒のほうが女子生徒より職業選択の場において自由である。

私たちは冗談でも「男と干しダラは三日に一度は叩くべき」「雄鶏歌えば家滅ぶ」「男三人寄れば騒々しい」のようなことは言わない。子どもたちは、進取の気性に富んだ女主人公が危機に瀕した王子を助けるアニメーションを見て育たない。男の子がひとつのことに没頭すると根気強いと言われるが、女の子がひとつのことに没頭すると執着になる。男の子どうしがケンカをしたら「ケンカしながら育つもの」だと言われるが、女の子どうしがケンカすると「女の敵は女」と言われる。男の子が刺々しいとカリスマがあると言われるが、女の子の場合は、気が強いとされる。男子生徒が大声を出すと腹が立っているからだと解釈されるが、女子生徒が大声を出すとヒステリックだと言われる。我々は、とても小さいころから、女性性を消極的で否定的なものとして学習する。

女性と男性は同等の教育を受けて育つが、男性の意識は女性ほど成長しない。既成世代の行動文法を受け継ぐ装置があちこちにまき散らされているからだ。二一世紀に生まれた子どもたちですら、女性は補助的に、男性は主体的に描かれた漫画を見て育っている。乳幼児のアイドル『ポンポン・ポロロ』[☆13]でも一一人のキャラクターのなかに、女の子は二人しかいない。その二人ですら薄紫やピンクの洋服を着ており、ほかの男子キャラクターが起こしたトラブルを収拾し、料理をしてあげる。

女の子は小さいころからキッチンをのぞき、お皿を並べる。なぜだろう。大人の女性がみんなそこに集まっているからだ。男の子たちは部屋で遊んだりテレビを見たりして、食べ物がテーブルに並べられるとやっと現れ、席に着く。どうしてだろう。大人の男性がそうしているからだ。女の子が布巾でテーブルを拭くと、〇〇ちゃん、優しいね、小さいのに上手だね、と褒める。男の子がそれをしたら、昔みたいに「おちんちんが取れちゃう」とは言わないが、〇〇くんは健気だと女の子を褒めるくらい大げさに褒めたりはしない。いい子コンプレックス―概念女フレーム―母性イデオロギーにつづく鎖は、女性を一生、家父長制のなかに閉じ込める。

身分差別が、人種差別が、性差別があたりまえだった時代があった。左利きだから、髪の色が違うから、病気にかかっているからと差別された時代があった。ひとり暮らしの女性を魔女だとでっち上げ、火あぶりにしたり、結核を悪

☆13 『ポンポン・ポロロ』 二〇〇三年にEBSで初放映されたアニメ番組。世界一一〇カ国に輸出されるなど高い人気を誇る。

霊が乗り移ったからだと断定し拷問したり、精神疾患を悪魔の呪いだと決めつけ、人を殺したりしていた時代があった。

恐怖と狂気が支配する社会では誰も幸せになれない。歴史は平等権を拡大するほうに、マイノリティの保護を強化するほうに進歩してきた。女性は歴史上、もっとも長く、そしてもっとも人口の多いマイノリティである。この問題を解決せずには、平等も平和もない。遠い未来を見据え、長い呼吸で生きよう。自分に有利な側ではなく、我々みんなに有意義な側に立って。

エピローグ

共に地獄を生き抜くために

地球村の至るところがフェミニズムで揺れた二〇一七年も、私の職場は静かだった。政治的中立地帯であることが要求される学校組織の特性だろうか。社会変化に鈍い地方の私立学校の限界だろうか。そうでなければ、男子生徒と男性教師ばかりの集団だから、他人事だと思っていたのだろうか。フェミニスト教師や小学校性平等研究会[☆1]をめぐる大きな騒ぎは同業界で起こったことだったにもかかわらず、私の立っていた丘ではコップのなかの嵐のようだった。

現在、私と一緒に勉強をしている男子高校生の半分以上が男子中学校を卒業している。男どうしで生活してきた生徒たちが、女性の人生を理解できないのは、もしかしたら当然のことかもしれない。しかし、だからといって、それで

☆1　小学校性平等研究会　二〇一六年に発足した小学校の教師による集い。教育現場における性認知教育を訴え、教科書のなかの性差別的な文言やイラストの修正などを呼びかけている。だが、学生人権条例廃止運動本部や全国父兄教育市民団体連合のような保守市民団体は、同性愛を強要していると反発し、フェミニズム教育は児童虐待だと検察に告訴した。この件に関して、ソウル東部地裁は容疑不十分と棄却した。

大丈夫なのだろうか。二一世紀の国語教科書でも、断定的で命令形の口調を「男性的語調」、柔らかく落ち着いた口調を「女性的語調」と説明している。そうやって学んだ生徒の考え方は既成世代と変わらない。男は女を守らなければならず、女を殴るのは男らしくない行動で、女は顔、男は能力だから、お金をたくさん稼ぎたいと語る。自分はいい配偶者になりたいから、結婚したら家事労働をたくさん「手伝う」と言う。

全国のすべての小中高校では毎年、性売買[☆2]予防教育と性暴力予防教育が行われている。法的義務として規定されているが、記録を残し、写真を撮るだけのために、形式的に行っている学校が多い。だからなのか、専門家が訪問して情熱的に講義をしても生徒たちに届かないことも多い。広い講堂に数百人もの生徒を座らせて、訴えかけてもちゃんと伝わるはずがない。講師のまじめな質問にふざけて答える生徒のせいで、むしろ逆効果になることもある。だから、障がい理解教育やグループカウンセリングのように、一クラスにつき一人の教師で行ってほしいと関連機関に要望を出したが、いまは難しいとの回答だった。政策を立案し、決定する人びとにとって、性認知教育、ジェンダー平等教育は、ずっと優先順位が低い印象を受けた。

☆2 性売買
二〇〇四年「性売買防止法」が制定される際、「売春」や「売買春」ということばの問題性が指摘され、「性売買」が広く使われるようになった。

長期的には公教育の領域でフェミニズム教育が義務化されることを願う。全国のすべての一六歳の高校生に『男も女もみんなフェミニストでなきゃ』☆3を配布するスウェーデンのように、我々にも国家レベルでのジェンダー平等教育が必要である。教育が介入すれば、より少ない予算でより大きな社会的葛藤を予防できる。

フェミニズムの授業を行い、生徒たちが変わっていくのを見ると希望を感じる。「結婚したら家事を手伝う」と言う友人に対し、「手伝うものではなく、一緒にやるもの」と返す子が出てきた。障がい者を差別してはならないと多数の生徒が声を上げ、「この単語も差別的ですか」と聞いてくる生徒も出てきた。性風俗店で働く女性を指し、「体を売るなんて信じられない」と言う友人に対し、「その人の事情も知らず、適当なことを言ってはいけない」とほかの子が面と向かって責めることもある。この子たちが他人をむやみに評価したり、後ろ指をさしたりしない大人に育つことを信じたい。

キャンドル政府☆4の最大の課題は積弊《チョクペ》（負の遺産）の清算である。負の遺産の範囲は、短く見積もって九年、長く見積もると独立前後まで遡る。所得不均衡、

☆3 『男も女もみんなフェミニストでなきゃ』
⇩読書案内1

☆4 **キャンドル政府**
朴槿恵前大統領が市民らのキャンドルデモで追放されたため、その後にできた文在寅大統領率いる現政府を指してこう呼ばれる。

権威主義、政経癒着、政治嫌悪、成長万能主義、地域対立、学歴主義など打破しなければならない悪習が数えきれない。どんなに長く、どんなに多くの資源を投入すれば、「非正常の正常化」に成功するのだろうか。予想もつかない。

家父長制が生んだ積弊の歴史はどれくらいだろうか。短く見積もっても数百年にわたり、長く見積もったら新石器革命まで遡ることになるのではないか。あまりにも蔓延し、自然にすら見えるため、認識できないだけで、この方面における負の遺産は想像を絶するほど、広範囲にわたるだろう。人類の一代記とともに、悠久なる性差別の歴史は意識の底辺に根を張り、知らず知らずのうちに思考を硬直させ、行動を統制してきた。

大韓民国で結婚は家族間の結縁でもある。結婚する前までは独立的な個人として暮らしてきたにもかかわらず、結婚後は夫や妻として評価され、より大きな家族単位の構成員として求められる役割も少なくない。婚姻によって生まれた関係やそのあいだで生じる駆け引きも手ごわい。既婚男性として過ごしてきた時間は短いが、これまでに何度もそう感じた。韓国で夫になるのは簡単だが、妻になるのは難しい。

パートナーのまわりの人びとのあいだで、私はなかなかよき夫として知られている。お金を稼ぎながら、家事労働をし、お酒を飲まず、たばこも吸わず、仕事が終わればすぐに帰宅するからである。ところが、これらはすべて私のパートナーにもあてはまることである。しかし、私のまわりの人びとはこういう理由だけでは、私のパートナーをよき妻だと褒めたりしない。男性は基本的なことだけをしていても褒められる。夫として生きるのは本当に簡単だ。

妻に朝ご飯は作ってもらっているかと何度も聞かれた。一年間に二〇回以上は聞かれたと思う。最初はご飯を作ってもらうために結婚したわけではないと、いちいち反応していたが、そのうち、長い話を聞かされるのが面倒になり、最近はそうだと手短に済ませている。パートナーに同じことを聞かれたことがあるのかと質問したら、プッと吹き出し、「ご主人に朝ご飯は作ってあげてるの」とよく聞かれるよという答えが返ってきた。妻として生きるのは、なんてたいへんなのだろう。

パートナーは私の弟を「トリョンニム、トリョンニム[☆5]」と呼ぶ。私もパートナーの妹を「チョジェニム[☆6]、チョジェニム」と呼ぶ。妻の家族はもうお義兄さんになったのだから、敬語は使わないことを勧めるが、一方でうちの家族が私のパートナーに対してもうお義姉さんになったのだから、敬語は使わなくても

☆5　トリョンニム
　お坊ちゃんとの意味で、妻が夫の弟を呼ぶとき使われる。

☆6　チョジェニム
　夫が妻の妹を呼ぶときの呼称。通常、「様」を意味する「ニム」がつけられることはない。

いいなどと言うのを聞いたことは一度もない。お互い、配偶者の弟・妹なのは間違いないのに、おかしい。

実家でご飯を食べると、母が食事を作り、私のパートナーが洗い物をする。彼女の実家でご飯を食べると、おばあさんが食事を作り、私が洗い物をする。私の家族は誰ひとり、洗い物をする私のパートナーをおかしいと思わないが、一方で彼女の家族は私が洗い物をしていると落ち着かないのか、そわそわしている。嫁を娘のように、婿を息子のように迎え入れるということばは、結婚式場の外でも有効でなければならない。家族が食べた食器を息子が洗っているのだから、止める理由はないのだ。

この本の原稿を書きながら、三人の女性を何度も思い浮かべた。母とパートナーと娘である。私は母の人生を通してフェミニズムを学んだ。一〇カ月のあいだ、彼女に寄生し、数十年間ずっと面倒を見てもらっている。私が生まれたあと、母は自分の名前を失い、「スンボムのお母さん」として生きてきた。生涯、自分を燃焼させ、家庭を支えてきたチョ・ウニさんを見て、私自身が家父長制の恩恵を被った者であり、加害者としてまたそのイデオロギーの共謀者として服務してきたことを悟った。母は来年六〇歳になる。コルセットを脱ぐ[☆7]にはちょうどいい年である。息子として熱心に手助けしたい。

フェミニズムを知ってから「結婚は男にだけ都合がよくて、女は無条件に損する」と吹聴して回っていた。それにもかかわらず、私は結婚し、もうすぐ子どもが生まれる。パートナーはまわりからフェミニストの夫に出会えて幸せねと言われるが、自分の身のほどを知っているゆえ、つねにありがたく申し訳ないと思っている。ことばと行動と人生が一致する伴侶になれるように努めたい。何よりも彼女がキム・ヘヨンの名で生きていくことに、家族が足かせにならないように尽力したいと考えている。

本を書くのがこんなにたいへんだとは、これまで気づかなかった。身のほど知らずだったと何度も後悔したが、もうすぐ生まれる娘のことを思って書きつづけた。ピンクとリボンに閉じ込めず、ジェンダー中立的環境で育つよう、力になりたい。この子が女の子だからといって夢をへし折られたり、女だという理由で我慢させられたり、女だからと自分を抑えつけなくてもいい社会で、尊いひとりの人間として生きていくことを願う。そういう社会を作ることに、この本が少しでも寄与できることを願うばかりだ。

☆7　**コルセットを脱ぐ**　社会から求められてきたステレオタイプな女性らしさからの脱却をめざす行為。二〇一八年ごろからSNSで、メイク道具を捨てたり、髪をショートカットにしたりした写真が拡散し、「脱コルセット」運動の輪が広がった。

読書案内

男フェミのためのカリキュラム

読んだほうがいい本を紹介する。「どんな本から読めばいいですか。どんな順番で読むべきですか」と聞かないでほしい。フェミニズムがひとつではないように，勉強をする方法もひとつではない。すべてに意味があり，いい本だからどんな順番で読んでもいい。体系化せず，主観的に紹介し，難しすぎる本はできるかぎり除外した。10のテーマで荒く分類したので，趣味趣向に沿って，選んでほしい。

☆書名は日本語版。ただし，未邦訳の本は韓国語版書名を訳した。
☆未邦訳の本のオリジナル版が韓国語以外の場合，原書名を併記した。
☆説明文は，すべて韓国語版にもとづく。

フェミニズムがはじめてですか？

いまちょうどフェミニズムに入門しようとしている人。フェミニズムについて何ひとつ知らないが，最近ブームだというから，一冊くらい読んでおこうと思っている人。ここから選んでみよう。短くて読みやすい本を紹介する。

1 チママンダ・ンゴズィ・アディーチェ

『男も女もみんなフェミニストでなきゃ』

韓国語版 キム・ミョンナム訳，チャンビ，二〇一六年

日本語版 くぼたのぞみ訳，河出書房新社，二〇一七年

フェミニズム入門書としてもっともよく知られている本のひとつである。ユーチューブで二五〇万回以上再生された映像を文字に起こした。インタビューをのぞけば，四〇ページに満たず，内容も易しいから，すぐに読み終わる。多くの人びとがフェミニズムは偏狭だと思っている。フェミニズムの代わりにヒューマニズムや「イコーリズム」を使おうと言い出す人もいる。

もしあなたもそう思っているのなら必ず読むべきだ。フェミニズムがどうしてみんなのための運動なのか、femi-で始まる単語がどうして必要なのか、道徳的で中立的に見える「性による格差はない」という表現がどんなふうに当事者を消し、具体的な過程を消去するのか、正確に説明してくれる。我々はみんなフェミニストになれる。ならなければならない。フェミニズムは女性だけのためのものではなく、女性と男性、みんなのためのものだからである。

2 クレマンティーヌ・オータン

『子どもと話す マッチョってなに?』

韓国語版 リュ・ウンソラ訳、未来の窓《ミレエチャン》、二〇一六年

日本語版 山本規雄訳、現代企画室、二〇一四年

姉が弟の質問に答える形式でフェミニズムの歴史、主要な争点を易しく明瞭に説く。自由、平等、博愛の国であるフランスですら、ジェンダーの問題においては、我々と大きく違わないという事実に、戸惑いと安堵が同時に押し寄せてくる。著者は、伝統的な性役割や性差別的な固定観念が伝承される過程を指摘し、言語と文化を通して支配関係が強固になる社会構造を批判する。母親の育児が日常なのに対し、父親の育児が非日常であることにモヤモヤを感じるなら、女性芸能人を軍隊に行かせ、見世物として消費する番組『本物の男』に違和感を抱いているのなら、男性主人公ばかりの韓国映画に問題意識を感じているのなら、この本を読んでみよう。説明できないもどかしさから解放してくれる本である。

3 遙洋子

『東大で上野千鶴子にケンカを学ぶ』筑摩書房、二〇〇〇年(ちくま文庫、二〇〇四年)

韓国語版 チ・ビウォン訳、メメント、二〇一六年

あらゆるセクハラや差別的なことばに「真正面から」立ち向かおうとする日本の女性芸能人の奮闘記。女性芸能人の価値が顔や胸の大きさで決まる日本の芸能界は韓国より状況が深刻である。著者・遙洋子はそういう業界で一〇年間、生き延びた。そのあいだ、我

慢を強いられ、限界を感じていたころ、彼女は真正面から戦ってやると決心して「日本でもっとも怖い女性」上野千鶴子の元を訪れ、フェミニズムを学ぶ。そこから始まる彼女の成長記である。時には、武侠小説（武士が出てきて戦う時代劇）のようであり、時にはバディ映画（気の合ったコンビが活躍する映画）のようである。胸がいっぱいになり、身に染みる。民放からは外されたがポッドキャストでふたたびみずから成功をつかんだ韓国の女性コメディアン、ソン・ウニとキム・スクを思い出さずにはいられない本である。日本人男性の悪気のない「傷つくことば」に既視感を覚える点は、この本のボーナス的な面白さだ。

女性の人生に物語で触れてみましょう

私は堅苦しい文章は苦手。読むなら小説に限る。本はあまり好きじゃないけど、映画は大好き。そういう人なら、ストーリーのある本に出会おう。没入度最強の小説が待っている。共感能力に優れた男性なら、完読後、ひどく憂うつになるかもしれない。次の本のなかでどれを読んでも。

4 チョ・ナムジュ『82年生まれ、キム・ジヨン』ミヌム社、二〇一六年

日本語版 斎藤真理子訳、筑摩書房、二〇一八年

（二〇一八年時点で）五〇万部以上売れている二〇一七年のベストセラーである。正義党のノ・フェチャン院内代表が文在寅大統領にプレゼントして話題になったりもした。私も六冊を買い、同僚の男性教師に四冊をプレゼントし、学級文庫にも配架した。クラスの男子生徒の多数が読んでくれた。生まれてから育児をするまでの、女性の人生の折々に訪れる性差別的要素を、詳しく現実的に描写している。最後の章を閉じて、「韓国で女性は本当にこういう日々を過ごしているのか」「少し誇張されてはいないか」と思ったのなら、近くにいる女性をひとり捕まえて聞いてみるといい。小説ではなくドキュメンタリーを読んだと気づくだろ

う。九年目の「雑魚キャラ」国語教師として確信する。この本は、近いうちに教科書に載るだろう。そういえば、穏健マッチョの弟にプレゼントするのを忘れた。もう一冊買おう。

5 チョ・ナムジュ、チェ・ウニョン、キム・イソル、チェ・ジョンファ、ソン・ボミ、ク・ビョンモ、キム・ソンジュン

『ヒョンナムオッパへ——韓国フェミニズム小説集』タサン書房、二〇一七年

日本語版 斎藤真理子訳、白水社、二〇一九年

三〇、四〇代の女性作家がフェミニズムをテーマに書いた短編小説集である。韓国でもついにこういう本が出た。自分をよき恋人だと思っているだろうか？「ヒョンナムオッパへ」を読もう。家族の面倒を見るためにお母さんがずっと苦労してきたのではないか？「あなたの平和」を読もう。自分はいい父親で、娘を溺愛する「親ばか」だと思うか？「更年」を読もう。ほとんどの映画の主人公が男性であるのはおかしいと思わないか？「すべてを元の位置へ」と「異邦人」を読もう。夜道を怖がる女性の心理が理解できないって？「ハルピュイアと祭りの夜」を読もう。フェミニストのなかにビーガンが多い理由が気になる？「火星の子」を読もう。このどれにも該当せずとも、鍼灸マニアならこの本を読もう。間《ま》がな隙《すき》がなチクチクさせられる。

6 ゲルド・ブランテンベルグ

『エガリアの娘たち』*Egalia's Daughters: A Satire of the Sexes*（未邦訳）

韓国語版 ヒステリア訳、黄金《ファングム》の枝《ガジ》、一九九六年

ユーチューブにある再生時間一〇分のフランス短編映画『抑圧されるマジョリティ（*Oppressed Majority*）』を先に見てから読むとさらにいい。フェミニズムの古典であり、ミラーリング界のファイナルボスで、私の「sonofegalia」というＩＤにヒントをくれた本である。最初の一ページから目から鱗だ。「子どもは男がみなきゃ」。男性と女性の性役割が完全に真逆の仮想世界

エガリアでは、女性が社会生活と経済活動を、男性が育児と家事を担う。人間の基本形が女性だからman（男性）-woman（女性）ではなくwom（女性）-manwom（男性）となる。男性はおとなしさや従順さを強要されながら成長し、思春期には性器補正用の下着「ペホ」を着用する。男性解放運動に参加したペトロニウスがペホを燃やすとき、カタルシスを味わったのなら？　連帯しよう。あなたはフェミニストである。

不平等なフィールドを認めようとしないあなたに

女性が企業の要職にいないって？　努力をしないからだよ。女性の国会議員が少ないって？　やはり能力がないってことだ。ジェンダー平等？　もうとっくに平等だよ。性差別なんてない。いまは女のほうが生きやすい。そう思っている人にぜひ読んでほしい。

7 イ・ミンギョン『失われた賃金を求めて』ポムアラーム、二〇一七年

日本語版 小山内園子・すんみ訳、タバブックス、二〇二一年

「女性の稼ぎが少ないのは、つらい仕事をしようとしないから。工科大《コンデ》を見てみろ。ほら、女はいないだろ」なんてことを言う「コンデ」（偉そうに振舞う中年男性）がいるなら、この本に顔をうずめよう。軽いうえ、色鮮やかだ。文体も小気味よい。すごいネタバレをひとつしておこう。女性はどうして稼ぎが少ないのか。理由はさまざまだ。ガラスの天井、キャリア・ブランク、就職差別、家事労働、進路選択、功績軽視、家庭における支援の違いなど。ところが、これらの原因は性別間賃金格差が一〇〇だとしたとき、四〇しか説明できない。残りの六〇の理由はばかばかしいが、「女だから」である。ある仕事群に女性が増えると、ただそれだけの理由で賃金水準が下がる。冗談言うなって？　信じられないなら、読んでみよう。

8 チェ・ジウン

『大丈夫じゃないです』RH コリア、二〇一七年（未邦訳）

エンタメ業界で新入社員の必読書として指定したら、国の品格が上がるに違いない一冊である。映画でもテレビでも四〇代の女性芸能人をあまり見られないのはなぜだろう。どうして一部の男性は女性を追い求めると同時に忌み嫌うのだろう。なぜ映画会社は著作権侵害にもかかわらず、「スクショ動画」（画面録画）を放置するのか。著者は鋭いパンチを見舞いつつ、このすべての質問に丁寧に答えている。全体を貫く流れを押さえているので、詰まっていた胸がすっきりする。もしもドラマが好きなら、第二部に収録されている放送通信審議委員会（彼らの平均年齢は六四歳で九人全員が男性）の会議録をぜひ読んでもらいたい。これを読まずにこの世を去るのはもったいない。

9 ナ・イム・ユンギョン

『女の誕生——大韓民国で娘たちはどのようにして女性らしい女性として作られるのか』ウンジン知識ハウス、二〇〇五年（未邦訳）

『82年生まれ、キム・ジヨン』を読んでから、この本を読むと、すばらしいシナジー効果が得られる。キム・ジヨンさんの人生がどうしてそうなったのか、理解できるだろう。シモーヌ・ド・ボーヴォワールは『第二の性』で「人は女に生まれるのではない、女になるのだ」と喝破したが、大半の人は女性が生涯の周期においてどの地点でどのように女として作られるのか、よくわかっていない。著者は誕生、学校、思春期、恋愛、お金、結婚、おばさんという七段階の生涯周期を通して、親と教師が娘をどう育て教えるのか、社会が女性に何を要求しているのかを探る。悪循環の輪をここで断ち切ろう。娘を育てている父親なら絶対に読むべきだ。愛情を込めて育てた我が娘が鋳型に入るのを見たくないのなら。

女性の胸の内に秘めた声が聞こえます

女とは会話が成り立たない？　あなたとは話が通じないから、口を閉じている可能性が高い。ここにある本を読んだあとなら、相手にしてくれるだろう。女性が日常生活でどんなことを経験するのか、淡々と、ありのまま、生々しく書き綴った。三冊全部読み終わったあとは、まわりの女性がみな修道僧や闘士に見えるかもしれない。

10

ホン・スンウン
『あなたがずっと居心地悪ければいいと思います』トンニョク、二〇一七年（未邦訳）

「個人的なことが政治的なことである」というフェミニズムのスローガンにぴったりの本だ。男性が経験することのない日常的な差別や偏見、暴力を間接的に経験させてくれる。この本を読むまで、クレジットカードを出すと嫌がるタクシー運転手が多いことに気づかなかった。まわりの人に聞いてみると、男性はひとり残らずそんなことはないと答え、女性はひとり残らずそういうことはよくあると答えた。こうした事例が数えきれないほど多い。もしもあなたが「リベラルな男性」なら、四章だけは必ず読んでほしい。社会的弱者の人権を叫びながら、ジェンダー・バイアスに対する意識はゼロの人びと、国家暴力に抵抗しているが自分が加えている暴力には気づいていない人びとに省察の機会を与えてくれる。

11

パク・ソヒョン、オ・ビンナリ、ホン・ヘウン、イ・ソヨン
『しごく私的なフェミニズム』アトポス、二〇一七年（未邦訳）

フリーランスの出版編集者、文芸創作科の卒業生、ネット・フェミニスト、小説家が語る「女性としての」人生を編んだ一冊だ。女性であることをのぞけば、すべて異なる四人が同じような悩みと葛藤を経験する。フェミニズムと結婚、ゲーム、貧困、労働組合活動など個人的な物語が重なり、概念や理論では表現しにくい現実が鮮明に描かれている。うちのクラスの男子生徒はほとんど全員がゲームの「オーバーウォッチ」をしているため、この本に無尽蔵な興味を見せた。同じチームに女子がいるとセクハラが横行する（九八ページ）と認め、女性キャラクターは大きい胸を半分くらい露わにしている（八六ページ）ことに同意した。男性同志に告げる。「オーバーウォッチ」が好きな男性にこの本をプレゼントせよ。渡すときには登場人物ハンゾーのセリフを交えて。「見えないものを見ろ」

12

コドゥンオ他四一人、韓国女性民友会編、クォン・キム・ヒョニョン解題

『街に立ったフェミニズム――女性嫌悪を止めるための八時間、二万八八〇〇秒の記録』クンリ、二〇一六年（未邦訳）

江南駅殺人事件から数日後、新村《シンチョン》に四二人の自由発言者が集まり、八時間にわたり、告白した。これまで大韓民国で女性としてどう生き、どう生き残ったか、その切実な話をまとめた一冊である。流れに身をまか

せたまま生きていると、意図しなくても「韓国男子」になる。そこまではあなたのせいではない。しかし、目を閉じ、耳をふさいだら、そこからあなたも共謀者となる。自分は差別しない。自分はいい人だ。自分は違う。そう自負する人のほうが怖い。省察し、連帯せよ。もしも本を読んだのに、「これは極端な事例ばかり集めていないか」「こういう人は運がないのでは？」「私のまわりでは聞いたことがないな」なんてことを思うなら、一言言っておこう。だから、女性があなたには何も言わないのだということを……。

女性が感じる恐怖と不快感について

性犯罪事件が報道されると、ハニートラップを疑うあなた。無実な人に濡れ衣を着せてはいけないと被害者に二次、三次の害を加えるあなた。被害者の苦痛や恐怖に共感するよりも、すべての男がそうではないと、潜在的加害者として見られるのが、非常に気に障るあなた。現実がどうか見てみよう。女性がどうしてそう言うのか聞

いてみよう。

13 トマ・マテュー

『ワニプロジェクト――男だけが知らない性暴力と新しいフェミニズム』*Les Crocodiles: Témoignages sur le Harcèlement et le Sexisme Ordinaire*（未邦訳）

韓国語版 メン・スルギ訳、プルン知識、二〇一六年

二〇一七年の上・下半期を通じて、クラスの学級文庫貸出数一位を制覇した。読みやすく、味わい深く、それに漫画である。いったん、読みはじめたら最後まで読まずにはいられない。本に出ている性暴力加害者はみんなワニの顔をしている。ワニは朝から晩まで、夕暮れから夜明けまで女性を追い回す。バス、職場、道端、食堂、学校、どこでもまわりにいる女性を狙う。赤裸々な絵やストレートなセリフが墓場まで隠したかった過去を掘り起こす。「おい、おれは夜に好きに出歩いちゃいけないのか」「おい、見ないってば、スカートを隠すなよ。まったく、気分が悪い」。一つひとつ積み上げてきたたわごとや行動が思い浮かび、顔が赤くなる。肯定的「布団キック」（過去の恥ずかしい出来事を思い出し、布団のなかにもぐって、布団を蹴る行為）を呼ぶ本である。

14 キャリン・L・フリードマン

『パリで過ごした一時間――性暴行とその後の人生を描いた実話』*One Hour in Paris: A True Story of Rape and Recovery*（未邦訳）

韓国語版 イ・ミンジョン訳、我《ネ》が人生の本《インセンエチェック》、二〇一七年

性犯罪を専門的に担当する裁判所にいるおえらい裁判官に薦めたい一冊である。「綿毛バット処罰」（犯罪者に下される、綿毛のバットで叩かれる程度の軽い処罰）ということばは韓国では二度用いられる。被疑者が財閥一族であった場合に一度、事件が性犯罪であった場合にまた一度。裁判官はほとんどの場合、冷徹な理性と鋭い論理で武装しているが、性犯罪の前ではなぜか温かい人間味と豊かな感受性の発揮を惜しまない。多彩な減刑の理由がそれを証明する。初犯だから、酒に酔っ

ていたから、将来有望だから、被害者と和解したから、心から反省しているから……。性犯罪がひとりの人間の人生をどんなに苦しめ、どんなに大きな影響を与えるか、気にしないからである。この本を読んだあとにも、同じ判決を下せるだろうか。

15 イ・ウニ

『敏感でも大丈夫——不愉快なタッチやぶしつけな質問に憤怒しているあなたのための温かくストレートな助言』ブックスコープ、二〇一六年（未邦訳）

学校のなかでなら、新任の教師と不良生徒グループのリーダーがぶつかっても新任の教師が勝つ。教師の権力が生徒の権力を圧倒しているからだ。生徒の両親が権力者でないかぎり、この関係が逆転するのは、男子生徒―女性教師の構図が唯一である。男性―女性のジェンダー権力が反映された結果だ。娘みたいだから？　お酒のせいで？　自分も知らないうちに？　笑わせないでほしい。検察官にセクハラをできる人間は、より上位職に就いている検察官のみである。セクハラ問題で大企業を訴え、五年をかけて勝訴し、その会社をやめ、性犯罪の専門弁護士になった著者の話を肝に銘じよう。セクハラ、強制わいせつは欲望の制御ではなく、権力関係の問題である。強者が弱者に振るう暴力である。

妻への暴行と母性の牢屋に憤る

「私は女を殴らない」とあつかましく言う人に薦める。それは少しもかっこよくない話だ。性別と関係なく、叩いてもいい生命体などない。「いまどき、殴られている女がいるのか？」「DVを受ける女がそんなに多いのか？」そう思うあなたの無知をこれらの本が中和してくれますように。

16 韓国女性の電話

『それは全然ささいなことではありません』五《オ》月《ウォレ》の春《ボム》、二〇一七年（未邦訳）

イルベは「三日一《サミラン》」が好きだ。「女と干しダラは、三日に一度叩かなければならない」という軽薄な俗げんから来た造語である。本当の「三日一」は別にある。韓国女性は三日に一人が、夫や恋人の手によって殺されている。でも、夫が妻を叩くことは私的でささいな問題としてあつかわれる。「家庭内暴力」というあいまいな単語で夫の一方的な暴行をもみ消し、通報を受けて出動した警察が家庭の問題だと判断し帰ってしまう。この本には夫による暴行を受けた被害女性がみずから書いた暴力の現場の記録が収められている。読んでいくうちに、怒りが込み上げ、憂うつになり、全身の力が抜ける。彼女たちの話が認識や制度、政策を変えられるよう男性も努力しよう。それは全然ささいなことではない。

17

チョン・ヒジン

『とても親密な暴力――女性主義と家庭内暴力』教養人、二〇一六年（未邦訳）

　韓国女性の大半が人生において一、二度以上、夫や恋人から暴力被害を受けている。二〇〇九年から二〇一五年までに夫または恋人に殺害されたか、殺害される危機に直面し、記事になった女性は一〇五一人に達する。何を隠そう、私の母と祖母も、夫による暴力の被害者である。暴力は人間の肉体や精神をすべて破壊する。叩くことには理由がない。叩けるから、叩いてもいいから叩く。ところが、自分をぶった人が自分ともっとも親しい人だったら？　自分が愛する（した）人だったら？　その侮蔑感や恥辱感をどのように説明できるだろうか。妻が夫の所有物ではないとの主張はまぎれもない常識だ。この常識的な主張を数百年も声高に訴えなければならないこの国は正常ではない。

18

アン・ミソン、キム・ボソン、キム・ヒャンス

『母親の誕生――大韓民国で母親はどうやって作られるか』五月の春、二〇一四年（未邦訳）

　男性は父親になると責任を感じるが、女性は母親になると過去と断絶することになる。チョ・ウニさんは、私の誕生とともに「スンボムのお母さん」と改名させられた。四六時中、家事労働とワンオペ育児に追われ、生きた心地がしなかった。悔しかったが悔しいと言うことすらできなかった。みんなそうやって生きていたから。既婚女性の幸せな人生は、優しい夫、温かい姑に出会うだけでは保障されない。社会が介入し、干渉し、プレッシャーをかける。女性が犠牲になり、諦めることを当然のように思い、時には強要されることもある。母を見て感じていた胸の痛みが、妻にも繰り返されたらどうしよう。私が頑張らないと。でも私ひとりの力で止められるだろうか。本を読んでいるあいだ、ずっと恐ろしかった。

19

オルナ・ドーナト

『母親になって後悔する——すべての女性が母親になる必要はない』*Regretting Motherhood: Wenn Mütter bereuen*（未邦訳）

韓国語版 ソン・ソミン訳、バンニ、二〇一八年

社会が母親と父親に求める期待値は天と地ほどの差がある。男性はベビーカーを押して家の外に出ただけでいい父親になるが、女性は一晩中、一睡もせず、子どもの面倒を見ていても、もし子どもが病気にでもなったら、悪い母親になる。父親なんてやってられないと言っても冗談で済まされるが、母親なんてやってられないと言うのは禁句である。母性はあまりにも崇高だから、そこそこの苦痛ではなかなか声を上げられない。ある人は、「生物学的に母性は存在せず、母性は社会的に設計されたシステム」だと主張する。この本を精読したあとは、その話に首を縦に振るかもしれない。母親になるのが無条件の祝福ではない理由、ある人にとっては人生をまるごと後悔させてしまうかもしれない理由を知ろう。

性売買をやめましょう、どうか

「性売買をなくすなんて可能だと思う？　人類の歴史上、なくなったことは一度もないんだよ」「強制しているわけでもないのに、何が悪い？　お互いお金で取引しているだけだ」と言うあなた、性売買はそんなに簡単な問題ではない。だから、読もう。取引の主体は男性と女

性ではなく、取引されるものも性ではないことを知るだろう。

20 社団法人　性売買被害女性支援センター「サリム」

『あなた方は春を買うが、私たちは冬を売る』サミン、二〇〇六年（未邦訳）

性労働から抜け出した女性一〇人の手記とインタビューが掲載された本である。親になる資格のない人間たちが子どもを生み、叩き、放置し、虐待した。そういう状況下で子どもたちはどんな選択ができたのだろう。生きるために家出をし、そしてあてもなくさまよった。衣食住を解決しなければならない子どもたちに近づく大人たちがいた。最初は、みんな平凡な女子生徒だった。性売買を始めた経緯はそれぞれ異なるが、結末はみんな同じだ。それは人間の生き方ではなかった。彼女たちの話には「本当に」という副詞が数えきれないほど出てくる。誰も自分の話に耳を傾けてくれないだろうという不安によって押し出されたことばだろう。著者たちは過去の傷をありのまま証言し、我々の社会を告発し、自分自身を癒そうと真剣に取り組んでいる。経験したことのない他人の人生をむやみに裁断することがどんなに愚かなことか、この本を読んだあとは謙虚になる。男性のみなさん、性売買はやめましょう。

21 アン・ミソン

『姉さん《オンニ》、いっしょに行こう』サミン、二〇一六年（未邦訳）

性売買防止法が二〇〇四年に制定され、一四年が過ぎた。熱い社会的関心が冷めていくあいだ、性売買はさらに巧妙に進化し、社会の隅々に根を降ろすようになった。そこで働く女性たちが実際にどんな状況下にいるのか、よくわからない人びとにとって、彼女たちは「簡単にお金を稼ぐ女性」というイメージが付与されている。この本は、長いあいだ現場で、性売買の被害女性を支援してきた活動家一三人をインタビューした生々しいルポである。彼女たちは性風俗店の集積地を閉鎖するために戦い、性売買の被害女性たちの自立と成長のために、力を尽くしている。性売買は、男性文化の問題から地域経済の問題まで、複雑かつ多方面にかかわっているように見えるが、男性それぞれの意識次第で一気になくすことができる問題でもある。だから、性売買はやめましょう。

22
パク・グムソン
『おめでとう』シャンティ、二〇〇八年（未邦訳）

性風俗店を出て自立と自活の道を歩む女性たちが、一〇代の少女少年たちに向けて胸の内を明かした一冊である。読む前に三つ肝に銘じよう。自分が生きる世界とは違うと、大雑把にとらえないこと。ひとりの尊い人間が数奇な運命によって、ひとりの力ではどうすることもできず、流れに逆らえず、押し流されたこと。性取引の主体は男性と女性ではなく、買う男性と雇う男性であり、取引される対象は女性の肉体であること。性犯罪に腹を立てながらも性風俗店に通う男性に読んでもらいたい。児童、青少年との接触を試みる男性を

インタビューしたドットフェイスの映像「制服は持ってきた？　と尋ねる大人たちに会ってみた（https://youtube.com/watch?v=KZTEhC-HfEg）」を見ながら、一緒に読むとさらにいい。

男性性の起源と実態を求めて

お互い、素直になろう。人生において、二度とかかわりたくない相手、イライラさせる相手の顔をひとつずつ浮かべてみよう。男性が多いか。女性が多いか。男がなぜこうなったか、気にならないだろうか？

23
オ・チャノ
『あの男はなぜおかしくなったのだろう』東洋《トンヤン》ブックス、二〇一六年（未邦訳）

私のまわりにはおかしな男性が非常に多い。あなたはどうだろう。新聞の社会面を飾るのはほとんど男性だし、他人とケンカをして迷惑をかけるのもほとんど男性である。敬語を使わない「アジェ」の心理はいっ

たい何だろう。兄—弟、先輩—後輩に整理されない関係がぎこちなく思えるのはなぜだろう。著者は軽快でウィットある文体で答えてくれる。私はこの本を読んでいて、首を縦に振りすぎて、ストレートネックになりそうだった。軍隊に徴兵されたときのことを考えるだけで悔しいのに、誰かが徴兵生活をからかいでもしたら、とうてい耐えられない気持ちになるという矛盾を感じている人はぜひ読んでみよう。軍隊と男性文化の関係を説明するために、多くの紙面を使っているのもこの本の長所である。

24 トニー・ポーター

『マンボックス——男らしさに閉じ込められた男たち』*Breaking Out of the "Man Box": The Next Generation of Manhood*（未邦訳）

韓国語版 キム・ヨンジン訳、ハンビッビーズ、二〇一六年

友人の四歳の息子が転んだ。血を見て泣きはじめた。後ろにいた友人が言った。「○○くん、男がそんなことで泣くんじゃないぞ」。八歳の従弟が七歳の妹に言った。「○○ちゃん、これ使っていいよ。お兄ちゃんは男だから大丈夫」。二歳上の男性教師は私に寂しいと言った。私がお酒を飲まないから仲良くなれないと。「じゃ、カフェにでも行きますか」と誘ったら「女じゃあるまいし」という返事が返ってきた。大韓民国の男性たちのマンボックスはチタン級である。宇宙往復船の底に塗って大気圏に進入する際、全部使ってしまえばいい。男なのにケチくさい、男なのに不甲斐ない、男なら落ち着いてなきゃ、こういう話を聞いて幸せになれるだろうか。違うなら、変えてみよう。変えるために読もう。

25 ソ・ミン

『女嫌い、女が何かした？——キムチ女からママ虫まで日常化した女性差別と嫌悪を告発する』タシボム、二〇一七年（未邦訳）

①女性嫌悪もミラーリング（男性の真似をすること）も両方悪いです。仲良くしましょう。②女性嫌悪ですか。

私は本当に女性が好きですよ。③女性も女性嫌悪するんですよね？　笑わせないでもらいたい。三つのうち、一つでも同意するなら、この本を読もう。二度読もう。インターネットに溢れている男性たちの偏見について一つひとつ根拠を挙げ、反論した本である。統計や文献が多く引用されているが、気にならず、むしろ頼もしい武器のように思える。ふだんから寡黙な男になるのが夢だった男性に薦める。韓国では「傷つけることば」を言わないだけでもふつうでいられるが、この本はそういう方面で特効薬だ。実際のネット上のコメントがたくさん掲載されているので、ドキドキしながら広げてみよう。自分の書いた書き込みが掲載されていないか探してみるという楽しみ方もある。

フェミニズムにハマろうとしているあなた

フェミニズム初級者にとって読みやすい入門書、フェミニズムをきちんと学べる教科書になりそうな本を選んだ。長い呼吸でゆっくり、じっくり読むことに適した本である。選んでみると韓国、日本、米国の本が一冊ずつとなった。韓米日協調もこのようなものなら悪くない。

26

チョン・ヒジン

『フェミニズムの挑戦』教養人、二〇〇五年（未邦訳）

「韓国フェミニズムの教科書」と評価される本で、大学の作文授業や討論授業の教材として広く使われている。代表的な男性フェミニストのソ・ミン教授はこの本が自分をフェミニズムの世界に招いたと明かした。私もそうである。人生でもっとも大きな影響を与えた本を選べと言われたら、この本を選ぶだろう。一文一文、かみしめるように読んでみよう。読み終えたときには視野が広がり、知的能力が開花することを確信する。Xバンドレーダーより性能のよい差別感知レーダーを搭載することになるのはもちろんだ。フェミニズムの勉強で壁にぶつかっている男性たちよ、何も聞かないでほしい。答えはこの本にある。

27 上野千鶴子

『女ぎらい――ニッポンのミソジニー』朝日新聞出版、二〇一〇年（朝日文庫、二〇一八年）

韓国語版 ナ・イルトゥン訳、銀杏《ウネン》の木《ナム》、二〇一二年

中世の男性たちは、女性には魂がないと固く信じていた。近代の男性たちは、女性に投票権がないことを当然だと考えた。数百年後に見れば、とんでもない偏見としてあつかわれるに違いない現代の価値観はないだろうか。日本で出た本だが、韓国人が共感しやすい内容が多い。「慰安婦」を分析する多角的な方法、性売買が作用する原理、息子と娘に期待する役割の違いなど、上野千鶴子はさまざまな例と根拠をメスにして、患部を突く。問題解決は問題を認識することからスタートする。どんなにつらくても顔をそむけてはならない現実がある。まずは、知ろう。そして変えよう。

28 ロクサーヌ・ゲイ

『バッド・フェミニスト』

韓国語版 ノ・ジャヤン訳、サイ行星《ヘンソン》、二〇一六年

日本語版 野中モモ訳、亜紀書房、二〇一七年

自分を悪いフェミニストと明かすのは、カミングアウトに近い。欠点を見つけ出そうと、血眼になって飛びかかってくる輩がいるからである。差別や不平等を指摘する鋭さより、鋭さを指摘する鋭さのほうが、より広く受け入れられる。前者は弱者と少数者の鋭さだが、後者は既得権者の持つ鋭さだからである。著者は黒人で、女性で、移民家庭の出身者だ。彼女はきっぱりと宣言する。私はフェミニストだが、完璧ではないから、バッド・フェミニストになる。そして世の中の矛盾と不条理を素早く見つけ出し、暴露する。女性の人権が回復されたと思う人も多いが、世の中はまだまだもっと変わらなければならないことを如実に表した本である。

当然ながら、勉強とは知識を増やすこと

ここにあるのは、「フェミニズムではなくヒューマニズム」、ではなく「フェミニズムこそヒューマニズム」と証明する本たちである。より遠くを見て、より深く考える余地を与えてくれる。女性にとって暮らしやすい社会は、子どもにも障がい者にも高齢者にも動物にも暮らしやすい。みんながよりよく生きるために共同体を作った。間違いないよね?

29 ユン・ボラ他一一人

『それでも、フェミニズム』銀杏の木、二〇一七年(未邦訳)

「頭の痛いフェミニズムがなぜ、どうして必要だと言うの?」そういう疑問がある人には、この本がよい。経済学の教授、新聞記者、政治家など各分野の専門家で構成された一二人の著者が、私たちの人生のさまざまな局面におけるフェミニズムの役割を問う。恋人間における暴力も、男性逆差別論の主要な根拠である兵役も、労働現場における賃金格差も、意見を調整して資源を配分する議会もフェミニズムの目から読むことができる。慣れ親しんでいることを疑い、質問を投げかけ、世の中を新しく認識しようとするフェミニズム。その旗の下に集まったこの一二人の話は、はたして女性にだけいい社会を作ろうとしているのだろうか。

30 クォン・キム・ヒョニョン、ルイン、オム・キホ、チョン・ヒジン、チュヌ、ハン・チェユン

『韓国男性を分析する』教養人、二〇一七年(未邦訳)

韓国で男性として生きてこの本を読んでいないというのは、ちゃんぽんの麺だけ食べて汁を飲まないのと同じくらいもったいないことだ。完読が難しい本であればあるほど、チャレンジ精神がふつふつと沸き上がってくるのはよくあることだ。数十年間、男性として暮らしてきたが、見逃していた男性性のルーツを六人の著者が見つけてくれる。最後の章を閉じた瞬間、

遺伝子地図の秘密や出生の秘密を理解したような快感が押し寄せてくるだろう。フェミニズムは男性にとってもいいものだ、それは本当のことだ。

31

クォン・キム・ヒョニョン、ルイン、リュ・ジニ、チョン・ヒジン、ハン・チェユン『両性平等に反対する』教養人、二〇一七年（未邦訳）

多くの人びとがフェミニズムを男性対女性という対立構図で理解する。この場合、フェミニズムは限定された資源をめぐって争うゼロサムゲームになる。またある人は男性の基準値を想定したあと、女性の人権を同じくらい引き上げなければならないと主張する。この場合、フェミニズムは強国に追いつくための弱小国の発展戦略と類似したものとなる。どちらの場合であっても性的マイノリティの存在はきれいに消される。この本は二分法的ジェンダー規範を飛び越える分析や対案を提示し、新しい社会への移行を提案する。公然わいせつ罪、未成年擬制強姦罪（未成年を対象とした強制性交などの罪）、メガリアのミラーリング、同性愛嫌悪など韓国社会のもっとも先鋭なジェンダーイシューを議論のテーブルに上げた。『バッド・フェミニスト』のようにタイトルに釣られてでも読む人が増えることを願う。

解説　『82年生まれ、キム・ジヨン』の夫、それとも息子？

上野千鶴子

「男なのに、フェミニストです」とか「男のくせにフェミニストなの？」とかいうのを聞くと、その他人ごと感にイラッとする。そうだよ、あんたのことだよ、これはあんたに宛てたメッセージだよ、と言いたくなる。

チママンダ・ンゴズィ・アディーチェ流に『男も女もみんなフェミニストでなきゃ』というなら、フェミニストでないひとたちをどう呼ぶか？

セクシスト（性差別主義者）というのだ。

セクシズムって男と女の非対称な関係のことだから、これから自由なひとはいない。このなかでは、ひとは加害者であるか被害者であるかのどちらかだ。いや、もうひとつ、忘れてた。傍観者っていうのがあった。今年の初め、東京五輪・パラリンピック組織委の会長だった森喜朗さんが「女性が入る会議は時間がかかる」と発言したとき。周囲から笑いが起きた。そうだよ、笑ったあんたは共犯者だ。その場にいて言葉を呑みこんで沈黙したひとたちもいたと思う。沈黙だって暗黙の同意だよ。だから、この問題に「中立の立場」なんて、ほんとうはない。傍観者と見えるひとたちは、その実、共犯者なんだ。

本書の著者、チェ・スンボムさんは１９８４年生まれ。韓国でベストセラーになった『82年生まれ、キム・ジヨン』と同世代、もしかしたらキム・ジヨンの夫になったかもしれない男性だ。結婚してもうじき子どもが生まれるとあるから、相手はキム・ジヨンの世代の女性だろう。

彼がフェミニズムに目覚めるのは母親の人生から。

「大韓民国で女として生きるのは、なんと不名誉で、不愉快で、みっともなく、惨めなことだろう」（本書1章）という人生を生きた母を、彼は「惜しまず与え、絶えず受け入れてくれる人、他人にとっての感情のはけ口として生きてきたのに、みずからの感情は誰にも吐き出せなかった人」（本書1章）と形容する。

「母はどうしてあんなにつらい生活に耐えているのだろう。母はなぜ私に無条件に優しいのだろう。…男をフェミニストにする最初の地点は、母親の人生に対し、自責の念を抱くことにある」（本書5章）と彼はいう。

「母の人生を犠牲にして大人になったボク」が、「父殺し」のエディプスではなく、「母虐待」の阿闍《アジャ》世《セ》王になるというのが、日本の男の成熟を説明するアジャセ・コンプレックスだった。男が大人になるには、「母の苦しみ」が代償として支払われているというところは、日本の男ととてもよく似ている。

（ちなみに、母が「苦しむ母」でなくなって「支配する母」「虐待する母」などの「毒親」になったら、日本と韓国の男たちの「成熟」はどうなるのだろう？　心配である。）

だが、アジャセは、長じて後、フェミニストの男性になるとは限らない。それどころか、しばしば家父長的な夫になる。

妊娠についての不安を吐露するキム・ジヨンに、夫はやさしく声をかける。「子ども一人、持とうよ。…僕もちゃんと手伝うからさ」。それを聞いたキム・ジヨンは、ぽつりとこう言うのだ、「それで、あなたが失うものは何なの?」たぶん、キム・ジヨンと同世代の「やさしい夫」たちは、こういう鈍感さのなかで生きている。彼らは母から学ぶことはあっても、妻から学ぶことは少ない。

じゃ、チェ・スンボムさんはキム・ジヨンの夫ではなく、もしかしたら息子なのだろうか? 作中のキム・ジヨンは追いつめられてメンタルを患う。あの小説自体が、患者として精神科医のもとへやってきたキム・ジヨンの長い独白というスタイルをとっている。小説の結末でこのタネ明かしを知ったとき、唖然とした。女は追いつめられて精神を病まないと、ホンネが言えないのか、と。

もしキム・ジヨンの産んだ子どもが息子だったら…その息子は、チェ・スンボムさんのようになるだろうか? キム・ジヨンは日本でも女性の読者から大きな共感を得たが、(旧)盆の夫の実家への帰省とか、嫁姑の関係とか、日本ではもうこれはないだろ、というところもあった。韓国のTVドラマではしばしば妻が夫に敬語を使っているそうだが、いまどき日本にこんな夫婦は絶滅しているだろう。

韓国のジェンダー事情は日本より遅れてるんだろうか?

だが、韓国の変化は、日本よりずっと早い。2005年に韓国は日本が持ち込んだ戸籍制度をさっさと廃止し、政府内に日本にはない女性家族部(省)を設置し、2018年には日本では成立が望まれているのにまだできない女性暴力防止基本法（性暴力禁止法）を成立させた。

今や韓国でフェミニズム・リブートを牽引している「1980〜1990年代生まれの女性」たちは、少子化世代で「家庭内では息子以上に可愛がられ、学校でも息子たちより抜きん出た世代だ。何にでもなれ、どんなこともできるから、自由に夢見ろと教えられた」（本書5章）女性たちだ。日本でも事情は同じ。「自分ファースト」で、「こんな不当なことをわたしがガマンする理由はこれっぽちもない」という女の子たちがぞくぞく登場している。その彼女たちが、日本でも「#MeToo」運動や「#わきまえない女」といったオンライン・アクティビズムを盛り上げた。

本書で紹介されているソウルの大学の「反性暴力自治規約」はうらやましい。

「欲しがらない人にはお酒を勧めない。

他人にお酒をつぐようにと要求しない。

身体的な接触をしない。

卑猥な冗談を言わない。

個人の身上に関する質問をしない。

外見を褒めたり、けなしたりしない。…」（本書2章）

そう、日本の大学にもほしい。職場にも飲み屋にも電車のなかにも、あらゆるところに張り出してほしい。ステッカー作って貼り付けてほしい。カードにして携帯してほしい。

著者は男子高校で教える男性教師だという。彼もフェミニズムは自分にとって「非当事者運動」（本書3章）だと言う。そして「男もフェミニストになれるだろうか？」（本書3章）と問いを立てる。おいおい、あんたもフェミニストか、さもなければセクシストであるかのどちらかなんだよ。当事者でないわけがない。

そんな彼が、男だから、男子相手だからこそ、できることがある。

「男性フェミニストとして機能したいなら、…男と対話しよう」（本書5章）

そう、そうなんだよ。性差別って、差別する男の側の問題なんだから。

そして「もどかしいことだが、男は男の言うことをよく聞く」（本書5章）のはそのとおり。森元会長のような性差別発言が出たら、その時その場で、男のあなたがイエローカードを出そう。痴漢冤罪を言い立てる前に、「おまえたちみたいな男がいるから、ボクたちが迷惑するんだ」と男から男に言おう。男の子たちは、オジサンよりメッセージを受け入れやすいだろう、なぜって彼らはまだ特権も味わっていない上に、「子どものくせに」（本書5章）と差別される弱者だから。男の加害者意識を目覚めさせるには、まず彼らの被害者意識を掘りおこすのが先、というのも、セオリーどおり。男だってつらい、それを力で補償するんじゃなくて、弱さを認め合おう…今でも徴兵制のあるあのマッチョの国、韓国から、こんな男性フェミニストの本が生まれたとは感激だ。

女にも男にも、誰にも、被害者にも加害者にも、そして傍観者にも、ならないでほしい。それが本書から受け取ったメッセージである。

訳者あとがき

本書は、韓国北東部の地方都市・江陵《カンヌン》で男子高校の国語教師として働くチェ・スンボムさんによる初のフェミニズム・エッセイだ。自身のSNSに「私はどうして男フェミになったか」と題した文章を掲載し、大きな反響を得たのがはじまりで、それが編集者の目に留まり、本書を書くきっかけとなった。

ここ数年、韓国ではフェミニズムが大きな注目を集めている。「フェミニズム・リブート」とも呼ばれているが、いくつかの象徴的な事件がそれを勢いづけた。

本書にも登場する二〇一六年の江南駅殺人事件に続き、二〇一八年、ソ・ジヒョン検事がセクハラをした検事長を告発し、#MeToo運動は各業界へと広がった。そのほか、人気芸能人が逮捕された「クラブ・バーニングサン」での性売買事件、メッセンジャー・アプリを使って女性たちの性的な画像や動画を売り買いした「n番部屋事件」などに、多くの女性たちが憤りを感じた。

彼女たちはSNSを駆使し、ハッシュタグを使って事件の詳細を拡散させ、男性たちの言動を糾弾しただけではなく、みずから髪を切り落とし化粧品を捨てるなど、「脱コルセット」運動に積極的に参加した。男性から見た、また、みずから追求してきた外見の美しさに囚われた時間や概念から解放され、自分自身の才能に投資する動きへと移っていったのである。「フェミニズム・リブート」のおかげで、女性嫌悪に対する認識が深まり、二〇一九年には憲法裁判所で堕胎罪が違憲と認められ、二〇二一年九月からは、デジタル性犯罪の「おとり捜査」（偽装捜査制度）が導入され、一〇月からはストーカー処罰法が施行されることになった。

フェミニズムへの関心が高まっているなか、フェミニズム関連書籍にも注目が集まっている。本書の原書は、出版のためのクラウドファンディングで「本格男フェミ入門書」として紹介され、募集金額の一三一二％（二六二四万九五〇〇ウォン）の成果を上げ、大きな話題をさらった。クラウドファンディングに協力した女性たちは夫や恋人にプレゼントしたいと語った。出版後の累計発行部数は、二〇二一年時点で、一万五〇〇〇部に及ぶ。『東亜日報』はフェミニズム関連本の売上げが爆発的に伸びているなか、女性の告発や告白に留まらず、男性に対し意識や行動変容を直接促す本、とくに男性著者が同じ男性に向かって、ジェンダー問題を提起する本として、グレイソン・ペリーの『男らしさの終焉』（小磯洋光訳、フィルムアート社、二〇一九年）とともに本書を挙げた。

また、著者は小学校五、六年生にも理解できるように書いたと述べているが、本書は、全国の小中高の教師が参考にしている「幸せな朝の読書推薦図書」に選ばれ、大韓出版文化協会の「今年の青少年教養図書」にも選定された。

原書には、言葉選びに工夫した箇所が多く、「男女平等」という言葉の代わりに「両性平等」が使われている。「男女平等」とは言うが、「女男平等」とは言わず、「男女平等」という言葉自体に上下関係が見られるとして、ここ数年韓国では「両性平等」または「性平等」という言葉が好まれている。本書では、主に「ジェンダー平等」を採用した。また性別による差別を感知する能力を意味する「性認知感受性」は、「ジェンダー・バイアスに対する意識」などに言い換えた。一方、大人世代を意味する「既成世代」は原文そのままの表現としたことを付け加えておく。

原書の意思を尊重し、翻訳においても、いわゆる女言葉や男言葉は使わず、一人称にも基本的には「私」を使用した。カップルが登場する場合は「彼氏」「彼女」とせず、「恋人」とした。「彼」には「氏」がつくが、「彼女」にはつかないことを疑問に思ったからだ。

本書は、著者に問い合わせながら、慎重に訳を進めた。原文の意味をより正確により読みやすくするように努め、承諾を得たうえで、一部原書とは異なる表現をしている箇所がある。また原書の最後に掲載されているクラウドファンディングの支援者、約一四〇〇名余りの一覧は、著者と相談し、日本語版では割愛した。

翻訳をしながら、著者のお母さんのことを思った。「脱コルセット」に成功し、少しは自由になれたのだろうか。家父長制を生きる女性の人生は、これからどう変わっていくのだろう。家父長制からの脱却は可能だろうか。より多くの女性がより多くのチャンスに恵まれ、より自由になることを願いながら、翻訳に取り組んだ。

本書と世界思想社と私をつなげてくださった翻訳者のすんみさんにお礼を申し上げたい。初の日本語訳に戸惑うことも多かったが、能動的な翻訳を引き出してくださった編集者の東さんにも感謝を申し上げる。

本書に刻まれたこの時代の韓国の空気感を、ぜひ日本の読者のみなさんに楽しんでいただきたい。

（参照）
「「生徒たちがまともな男性に育ってくれたら」――フェミニズムを教える男性教師チェ・スンボム氏」『京郷新聞』（二〇二一年九月二八日閲覧）https://news.v.daum.net/v/20170710111854485
「苦労ばかりしたお母さん、フェミニストの息子の本を読んで号泣されたでしょう」『ソウル新聞』（二〇二一年九月二八日閲覧）https://www.seoul.co.kr/news/newsView.php?id=20180420027029&wlog_tag3=daum
「「パミニズム（パパフェミニズム）」私の父――男性に広がるフェミニズム」『東亜日報』（二〇二一年九月二八日閲覧）https://www.donga.com/news/Culture/article/all/20180419/89681082/1

著者

チェ・スンボム（최승범）

1984年生まれ。韓国北東部・江陵市の明倫高等学校教師。

共著書に『フェミニスト先生が必要』『ジェンダー感受性を育てる教育』がある。

学生の頃は学校が嫌いだったが、なぜか先生になり、すでに11年目。

大学では文学と哲学を専攻し、社会科学にも強い関心を寄せた。運よく強い女性たちに囲まれた環境におかれ、フェミニズムを学ぶことができた。

現在男子高校で国語を教えているが、生徒たちとバスケをしているとき、教師としてやりがいを感じる。一緒に勉強する男子高校生を「コンデ」（偉そうに振舞う中年男性）にしないために、まわりの男性教師をフェミニズムに入門させるために、知恵をふりしぼる日々。

すべての性が幸せに暮らせる世の中の実現を目指し行動しているだけだが、いつの間にか騒がしい人、静かな水面に石を投げ、揺らす人になってしまった。こうやって本も書いたので、いまさら引くわけにもいかない。こうなったからにはもっとうるさく生きようと思う。

訳者

金みんじょん（きむ　みんじょん／김민정）

翻訳者、エッセイスト、韓国語講師。慶應義塾大学総合政策学部卒業。東京外国語大学大学院総合国際学研究科博士課程単位取得退学。

韓国語の著書に『母の東京——a little about my mother』『トッポッキごときで』、共著者に『小説東京』『SF金承玉』、韓国語への訳書に『那覇の市場で古本屋』（宇田智子著）、『渋谷のすみっこでベジ食堂』（小田晶房著）、『太陽と乙女』（森見登美彦著）、『縁を結うひと』『あいまい生活』『海を抱いて月に眠る』（以上3冊、深沢潮著）など。日本語への訳書は、本作が初。

そのほか、KBS（韓国放送公社）の通信員として、また『京郷新聞』への連載を通して、日本の情報を韓国に発信中。

解説者

上野千鶴子（うえの　ちづこ）

1948年、富山県生まれ。東京大学名誉教授。認定NPO法人ウィメンズアクションネットワーク（WAN）理事長。女性学、ジェンダー研究の第一人者。

主な著書に『家父長制と資本制』『近代家族の成立と終焉』『ナショナリズムとジェンダー』『おひとりさまの老後』『男おひとりさま道』『女ぎらい』『ケアの社会学』『女の子はどう生きるか』など。

私は男でフェミニストです

2021年11月30日　第1刷発行

定価はカバーに
表示しています

著　者　チェ・スンボム
訳　者　金みんじょん
発行者　上　原　寿　明

世界思想社
京都市左京区岩倉南桑原町 56　〒 606-0031
電話 075(721)6500
振替 01000-6-2908
http://sekaishisosha.jp/

(印刷・製本 太洋社)

落丁・乱丁本はお取替えいたします。

ISBN978-4-7907-1764-5

『私は男でフェミニストです』の
読者にお薦めの本

おいしい育児　家でも輝け、おとうさん！

佐川光晴

おとうさんが家事と育児をするのがあたりまえになってほしい。そうすれば世の中は変わる。主夫として二人の息子を育ててきた小説家が、固定観念を乗り越えた先にある豊かな育児生活を提案。

料理家、文筆家の高山なおみさん推薦！

本体 1,300 円＋税

女性ホームレスとして生きる〔増補新装版〕　貧困と排除の社会学

丸山里美

女性ホームレスの生活史から、女性が貧困に陥る過程を浮き彫りにし、福祉制度や研究が前提にしてきた人間像を問い直す。
2013 年刊行の第 33 回山川菊栄賞受賞作に、著者による付録「貧困女性はどこにいるのか」と岸政彦氏による解説「出会わされてしまう、ということ」を収録した増補新装版。
本体 2,700 円＋税

ジェンダーで学ぶ社会学〔全訂新版〕

伊藤公雄・牟田和恵 編

男／女の二色刷から、個性の光る多色刷の社会へ――「育つ」から「シューカツする」、そして「ケアする」までの身近なできごとを、ジェンダーの視点から見なおし、「あたりまえ」をくつがえす。

好評ロングセラーを全面改訂。

本体 1,800 円＋税

近代家族とジェンダー

井上俊・伊藤公雄 編

親密性のゆらぎ――多様化する〈生〉と〈性〉。アリエス『〈子供〉の誕生』からボーヴォワール『第二の性』、そして上野千鶴子『ナショナリズムとジェンダー』まで、ジェンダー・家族論の名著 24 冊。
社会学の基本文献をガイドする〈社会学ベーシックス〉第 5 巻。
本体 2,000 円＋税

2021 年 10 月現在